PUHUA BOOKS

我们一起解决问题

上市公司财报分析

看懂数据背后的公司价值

常亚波◎著

人民邮电出版社

北　京

图书在版编目（CIP）数据

上市公司财报分析：看懂数据背后的公司价值 / 常亚波著. -- 北京：人民邮电出版社，2023.6
ISBN 978-7-115-61743-9

Ⅰ.①上… Ⅱ.①常… Ⅲ.①上市公司－会计报表－会计分析 Ⅳ.①F276.6

中国国家版本馆CIP数据核字(2023)第079820号

内 容 提 要

财报作为公司经营的成绩单，已成为公司利益相关者及信息使用者重点关注的对象。对财报进行认真分析，是快速判断一家公司财务健康状况的有效途径。

本书围绕新的《企业会计准则》，以上市公司公开的财务数据和报表为蓝本，详细介绍了公司财报的项目特点及其重要内容，并对四大财务报表逐一进行了分析，以说明企业的财务状况、经营成果和现金流量情况。全书内容数据翔实，案例丰富，将上市公司财报分析与宏观经济、行业分析、公司战略等结合起来讲解，有助于读者零门槛读懂财报、前瞻性预判公司价值。

本书内容侧重财报分析，既可作为企业管理者、财务管理人员进行企业财务分析的工具书，又可作为证券投资者预测投资对象经营前景的投资参考书，还可作为财经院校相关专业课程的指导用书。

◆ 著　常亚波
　　责任编辑　付微微
　　责任印制　彭志环
◆人民邮电出版社出版发行　　北京市丰台区成寿寺路 11 号
　邮编 100164　　电子邮件 315@ptpress.com.cn
　网址 https://www.ptpress.com.cn
　北京天宇星印刷厂印刷
◆ 开本：880×1230　1/32
　印张：10.5　　　　　　　　　2023 年 6 月第 1 版
　字数：160 千字　　　　　　　2024 年 11 月北京第 6 次印刷

定　价：69.80 元

读者服务热线：（010）81055656　印装质量热线：（010）81055316
反盗版热线：（010）81055315
广告经营许可证：京东市监广登字 20170147 号

　　会计是一门商业语言。正因如此，各国政府在国际会计准则委员会的推动下，极力促使本国会计核算原则和方法与国际会计准则趋同，打破不同国家的会计壁垒，使会计成为国际通用的商业语言，发挥更大的作用与价值。

　　财务报告作为公司经营的成绩单，显然是各类投资者、债权人、监管机构、供应商、客户、竞争对手等利益相关者极为关注的内容。不管是机构投资者还是个人投资者，最终的投资目的都是得到较高的回报，他们非常关心公司的盈利状况和未来增长前景；债权人希望公司能够按时还本付息，保持偿债能力，降低财务风险；监管机构担负监管职责，更加重视公司经营的合法性、财务报告的真实性和纳税义务的履行情况；供应商作为公司的生意伙伴，希望公司能够基业长青，遵守商业信用，按时付款；客户希望公司长期提供优质的产品或服务，具备持续发展的能力；竞争对手则更关心公司的市场占有率、营业收入增长率和应收账款回收率等关键财务指标。

在"快餐"社会中，有没有一种简单、有效的方法，可以快速地判断一家公司是否为财务健康的公司呢？简单来说，我们可以从三个方面进行分析：一是公司的财务结构是否稳健，可以通过资产负债率、有息负债率进行判断；二是公司的盈利能力是否强，体现在公司的毛利率、营业净利率和净资产收益率等指标上；三是公司的现金流是否充裕，主要看经营活动现金净流量、期末现金和现金等价物持有量。

如果想深入学习财报分析的知识、方法和技巧，平心静气地阅读经典书目是非常有效的途径。市场上财报分析的图书，琳琅满目。这些图书的作者，有名校教授，有大牌投资者，有经验老到的 CFO，还有会计师事务所的审计师。每本书都有不同的侧重和特色。如果读者能够选择几本好书认真阅读、好好总结并不断实践，我相信对于提升大家的财务分析能力大有裨益。

这次接到人民邮电出版社的约稿，我非常忐忑，觉得自己很难在竞争激烈的图书市场上，再写出一本具有竞争力的好书。虽然我是科班出身，有财务工作经历，且常年教授财务报表分析这门课，但如何将财报分析写得新颖、实用、好读，还是让人很费脑筋的。经过两年的前期筹备，我认为从上市公司实务的角度，用数据和案例去解读上市公司财报，可能是一个不错的方向。

在写作过程中，我阅读了大量上市公司的年报，搜集了不少公司的数据和案例，尽量将枯燥乏味的会计知识和公司实务相结合，简化复杂难懂的会计专业术语，叙述力求简洁明快、深入浅出，同时保证一定的严谨性。

本书的特色如下。

第一，打破传统教科书式的写作思路。本书从了解目标公司基本面入手，将比较分析法、结构分析法、趋势分析法和比率分析法等常用财务分析方法，融入三大财务报表的项目分析和整体分析中，"你中有我、我中有你"，做到融会贯通。

第二，简化财报原理、侧重财报分析。市面上不少财报分析的图书，用很大篇幅讲述会计核算知识，对于如何进行财报分析和实操，着墨甚少。本书言简意赅地介绍财报各个项目的核算方法，把重点更多地放在如何进行财报分析上。

第三，上市公司数据翔实、案例丰富。本书在内容上涉及多家上市公司，如格力电器、宁德时代、ST 易购（苏宁易购）等，用大量数据分析和图表呈现的形式，展现财报分析的过程和结果。

第四，内容新颖、时效性强。一是围绕新的《企业会计准则》，剔除陈旧的财务会计知识；二是采用的财务数据和报表基本以 2021 年为蓝本；三是介绍了新租赁准则、可转债、优先股、永续债、库存股等比较新鲜和热门的内容；四是详细分析上市公司年报，尤其是管理层讨论与分析、审计报告以及财务报表附注等重点内容。

第五，跳出财报看财报。在行文中，本书将上市公司财报分析与宏观经济、行业分析、公司战略等结合起来，每章以名言警句开头，并穿插管理智慧、经营理念等内容，增加阅读的趣味性。

本书在写作过程中得到了人民邮电出版社的大力支持，感谢我的学生张辑哲帮我做了一些资料整理工作。由于本人能力有限，书中难免会存在错漏和不足之处，恳请读者批评指正。如有任何问题或建议，可发送至

changyabo@163.com 进行反馈。

最后，感谢读者在百忙之中购买和阅读本书，期待我们共同成长。

常亚波

2023 年 4 月于北京

目 录

CONTENTS

01

第一章
财报分析的第一步

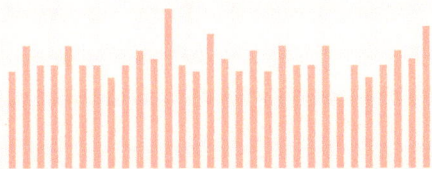

"知己知彼，百战不殆；不知彼而知己，一胜一负；不知彼，不知己，每战必殆。"

——《孙子兵法·谋攻篇》

万事开头难。投资者或分析师进行上市公司财报分析，要做的第一件事是在头脑中理出一个逻辑思路和分析流程，用于指导整个分析过程。不管这个逻辑框架如何搭建，都需要"从经营中来，到经营中去"，遵循"业务经营→财务报表→业务经营"的路线。财务报表是公司经营的最终结果；分析公司财务报表的目的，是发现公司经营中存在的问题，从而改善经营管理，提升公司业绩。可以说，一切财务问题，归根结底都是经营问题。

在开始正式的财报分析之前，要了解和熟悉目标公司的基本面，包括目标公司基本情况、目标公司经营战略、目标公司所在行业以及宏观经济环境等。现在，就跟随我一起开启这段美妙的求知旅程吧！

第一节 了解目标公司基本情况

一家公司的基本信息包括公司历史、注册地或主要办公地点、主要产品或主营业务、所处行业、上市年限、公司规模、股权结构、实际控制人、所有制形式、重要关联方、经营模式或商业模式等。了解一家公司，不妨从这些基本信息入手。

一、公司历史与企业文化

公司历史反映了公司过去的成长轨迹，而企业文化是公司经营的精神内核。了解公司，不妨从了解公司的历史和企业文化开始。

若问起中国知名的上市公司，恐怕很多人都会想到贵州茅台。贵州茅台有 800 多年的历史，坐落于贵州赤水河畔，拥有优良的水质、多样的气候和独特的土壤条件。贵州茅台正是由于具备得天独厚的自然条件，在证券市场上一直备受关注。2020 年 12 月 31 日，贵州茅台的股票收盘价高达 1 998 元 / 股。2021 年 2 月 18 日，贵州茅台股票价格冲到每股 2 627.88 元的高位。

阿里巴巴非常重视企业文化和核心价值观的塑造，翻开阿里巴巴 2020 年年报，第一页用醒目的大字写着"公司愿景——做一家活 102 年的好公司"；第二页写着"我们的使命——让天下没有难做的生意"；第四页写着"我们的价值观：客户第一，员工第二，股东第三；因为信任，所以简单；唯一不变的是变化；今天最好的表现是明天最低的要求；此时此刻，非我莫属；认真生活，快乐工作"。

二、公司主要产品或主营业务

如果单从一家公司的营业执照上看，公司的经营范围可能是非常广泛的，兼营不同业务是稀松平常的事儿。一般来说，公司的主要产品或主营业务是指对营业收入贡献较大的产品或业务种类。实务中，有一些公司多元化经营，各个板块齐头并进，很难区分究竟哪一项业务是主营业务。例如，雅戈尔（600177）在其2020年年报中披露："公司所从属的主要业务包括品牌服装、地产开发和投资业务。2020年服装业务营业收入为63.34亿元；地产业务营业收入为50.71亿元；投资收益为76.06亿元。"由此可见，雅戈尔的主营业务包括三大板块：服装、地产和投资。了解公司的主要产品或主营业务，可以从公司产品或业务的核心技术、重要原料或零部件、主要供应商、大客户、销售模式、营销渠道等维度展开，针对每个维度进行深入的分析。

三、上市年限

1990 年，上海证券交易所（以下简称"上交所"）和深圳证券交易所（以下简称"深交所"）先后正式成立。到 2020 年 12 月 31 日，在国内上市的公司总数达到 4 269 家（见表 1-1）。上市年限意味着公司登陆资本市场的时间长短。上市越久的公司，对资本市场的各种业务流程、交易规则、监管法规等越熟悉，募集资金相对更加方便、快捷和顺畅。

表 1-1　2001—2020 年中国上市公司数量统计

年份	上交所	深交所	总计	年份	上交所	深交所	总计
2001	646	514	1 160	2011	931	1 411	2 342
2002	715	509	1 224	2012	954	1 540	2 494
2003	780	507	1 287	2013	953	1 536	2 489
2004	837	540	1 377	2014	995	1 618	2 613
2005	834	547	1 381	2015	1 081	1 746	2 827
2006	842	592	1 434	2016	1 182	1 870	3 052
2007	860	690	1 550	2017	1 396	2 089	3 485
2008	864	761	1 625	2018	1 450	2 134	3 584
2009	870	848	1 718	2019	1 572	2 205	3 777
2010	894	1 169	2 063	2020	1 855	2 414	4 269

注：上市公司数量按上市日期口径统计，包括主板、中小企业板、创业板和科创板上市公司。数据来源：《中国证券期货统计年鉴 2020》、国泰安（CSMAR）数据库。

四、公司规模

反映公司规模的指标包括资产总额、营业收入、员工人数、利润总额、股本等。规模大，只能说明公司占有的经济资源多，并不意味着经济实力强。有时候规模越大，对公司管理能力的要求越高，战略转型和结构调整的难度越大。"船小好掉头"说的就是这个道理。我们以房地产行业为例：2019 年，新一轮房地产调控周期到来，很多房企包括百强房企遭遇资金链问题；2020 年，猝不及防的新冠疫情更是令一些知名房企本就脆弱的资金链雪上加霜。这说明，企业在规模扩张的同时，更应注重硬实力和现金流，一味追求规模、盲目投资的做法并不可取。

五、股权结构

公司的股权结构是指公司各类不同性质股东的持股比例，通常是指股权集中度。股权结构大致可以分为三种类型：高度集中型、高度分散型和均衡控股型。高度集中型股权结构中，绝对控股股东一般拥有公司股份的比例超过 50%，对公司拥有绝对控制权，俗称"一股独大"；高度分散型股权结构中，不存在绝对控股股东，最大股东的持股比例一般不超过 10%；均衡控股型股权结构中，公司有两位及两位以上相对控股股东，每位控股股东的持股比例都在 10% 以上、50% 以下，形成一种相互制衡的局面。

这三种股权结构各有利弊。高度集中型股权结构的优势在于决策效率高，但中小投资者利益保护成为难题；高度分散型股权结构的劣势是公司容易成为"资本大鳄"通过二级市场收购的"猎物"，同时还可能存在"内部人控制"现象；均衡控股型股权结构可能会出现股东之间"互相扯皮"的问题。2015—2017 年，证券市场上演的轰轰烈烈的"宝能收购万科"事件，生动地说明了股权结构分散的弊端，也给所有上市公司提了个醒：要深刻认识到公司股权结构的重要性。

六、实际控制人和所有制形式

上市公司的实际控制人与股东是两个不同的概念。实际控制人是指具有最终控制权，并不被任何人所控制的股东，也叫"终极控制人"。在上市公司热衷资本运作、产权关系复杂的今天，寻找公司的实际控制人需要在产权关系图中层层上溯，找到位置最高的一个层级。我们来看格力电器（000651）2012年的产权关系，如图1-1所示。

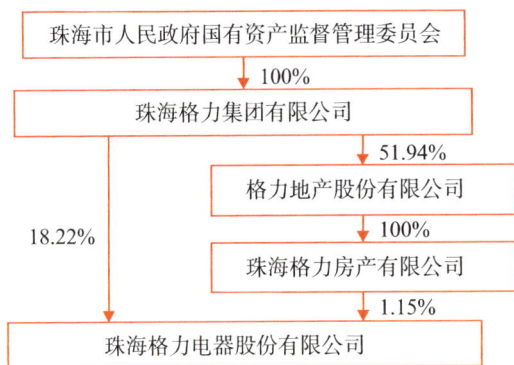

```
┌─────────────────────────────────┐
│  珠海市人民政府国有资产监督管理委员会  │
└─────────────────────────────────┘
              │ 100%
              ▼
┌─────────────────────────────────┐
│        珠海格力集团有限公司          │
└─────────────────────────────────┘
        │              │ 51.94%
        │              ▼
        │        ┌──────────────────┐
        │        │  格力地产股份有限公司 │
        │        └──────────────────┘
 18.22% │              │ 100%
        │              ▼
        │        ┌──────────────────┐
        │        │  珠海格力房产有限公司 │
        │        └──────────────────┘
        │              │ 1.15%
        ▼              ▼
┌─────────────────────────────────┐
│        珠海格力电器股份有限公司       │
└─────────────────────────────────┘
```

图 1-1 格力电器 2012 年的产权关系（部分）

从图1-1可以看出，格力电器的全称为"珠海格力电器股份有限公司"，"珠海格力集团有限公司"（以下简称"格力集团"）是其最大股东，直接持股比例为18.22%，间接持股比例为1.15%，合计持股比例为19.37%，拥有对格力电器的相对控制权。格力集团则由珠海市人民政府国有资产监督管理委员会全资持有。因此，当时格力电器的实际控制人是地方国资委。2019年12月2日，格力集团将持有的格力电器15%的股份转让给珠海明骏（有限合伙企业）；2020年1月23日，股份过户手续完成，由于珠海明骏没有控制格力电器董事会，格力电器变更为无控股股东和实际控制人状态。

七、重要关联方

关联方交易在资本市场中是非常令人头疼的问题。上市公司关联方多、关联方交易频繁，成为隐匿问题的温床，也是监管部门的监管难点。财政部发布的《企业会计准则第 36 号——关联方披露》对"关联方"的定义为：一方控制、共同控制另一方或对另一方施加重大影响，以及两方或两方以上同受一方控制、共同控制或重大影响的，构成关联方。

《企业会计准则》中明确规定了关联方的具体形式：

（1）母公司与子公司之间；

（2）受同一母公司控制的企业之间；

（3）投资方与被投资方之间存在合营关系（投资方与第三方共同控制被投资方）或联营关系（投资方对被投资方能够施加重大影响）的；

（4）主要投资者个人与企业之间，和主要投资者个人关系密切的家庭成员与企业之间；

（5）关键管理人员（含母公司）与企业之间，和关键管理人员关系密切的家庭成员与企业之间；

（6）主要投资者个人、关键管理人员控制、共同控制或施加重大影响的其他企业与本企业之间；

（7）和主要投资者个人、关键管理人员关系密切的家庭成员控制、共同控制或施加重大影响的其他企业与本企业之间。

以上对关联方的界定足以让人眼花缭乱。简单来说，关联方之间往往存在重大投资与被投资的利益关系。很多上市公司的财务造假案都与关联方交易有关。例如，康得新（002450，已退市）在2019年东窗事发之前，频繁利用关联方（康得新的大股东、控股公司等）虚构交易，具体包括关联方销售、关联方资金占用、关联方融资等形式。这些交易为虚增收入和利润提供了隐蔽的环境，成为审计中的难点。

值得注意的是，企业与其供应商、客户之间不构成关联方关系。但一些企业也会利用良好的商业合作关系，要求供应商或客户配合自己进行盈余管理或财务造假。

八、商业模式

不同的行业往往存在不同的商业模式或经营模式。房地产行业大量采用预售模式，俗称"卖楼花"；酒店餐饮业常常采用连锁经营模式，具体又分为直营和加盟两种类型；商业零售有百货、商场、超市、便利店等不同的业态。

我们以电商行业为例。阿里巴巴采用 B2B 商业模式，淘宝网采用 B2C 商业模式，京东商城在 B2C 平台的基础上开创了自营模式。正当"猫狗大战"打得火热之际，拼多多凭借"社交电商 +C2M"商业模式突出重围，短短几年时间便成为中国用户规模十分庞大的电商平台。2019 年以后，直播带货风生水起，抖音、快手等短视频网站成为电商的热门阵地。

商业模式落实到绩效层面，就与财报密切相关。通过资产负债表，我们可以分析公司资产的分布与构成，判断公司是轻资产经营还是重资产经营、是对外股权投资型还是对内自主经营型；透过利润表，我们可以分析公司营业收入和利润的构成，了解不同业务为公司做出贡献的大小。

阿里巴巴（港交所代号：9988）2018—2020财年主要资产分布见表1-2。证券投资和股权投资合计占资产总额的比重均在25%以上，呈现稳步上升态势；商誉及无形资产占比均在25%以上；物业及设备占比均在10%以下，2020财年有明显下降趋势。从中可以看出，阿里巴巴的投资主要采用对外证券投资和股权投资的形式，而非对内直接投资；资产分布采用轻资产战略，持有的固定资产占比较低。事实上，阿里巴巴在经营上实施了同心多元化的投资战略，投资涉及电商平台、线下商业零售、物流、金融、数字媒体、大娱乐、家居、创新业务等多个领域。这与财报的数据是可以相互印证的。

表1-2　阿里巴巴2018—2020财年主要资产分布

金额单位：亿元

资产项目	2018财年		2019财年		2020财年	
	金额	占资产比重	金额	占资产比重	金额	占资产比重
现金及现金等价物和短期投资	2 053.95	28.64%	1 932.38	20.02%	3 589.81	27.34%
证券投资和股权投资	1 827.07	25.48%	2 514.71	26.06%	3 551.95	27.05%

（续表）

资产项目	2018 财年		2019 财年		2020 财年	
	金额	占资产比重	金额	占资产比重	金额	占资产比重
物业及设备（净值）	664.89	9.27%	920.30	9.54%	1 033.87	7.87%
商誉及无形资产（净值）	1 896.14	26.44%	3 332.11	34.53%	3 377.29	25.72%
……						
资产总计	7 171.24	100%	9 650.76	100%	13 129.85	100%

注：本表根据阿里巴巴 2018—2020 财年财务报表整理。财年为每年 4 月 1 日至次年 3 月 31 日。证券投资和股权投资包括流动与非流动的证券投资和股权投资。

再来看阿里巴巴的营业收入情况（见表 1-3）。2018—2020 财年，阿里巴巴的营业收入主要来自客户管理服务和佣金两项：客户管理服务收入包括技术服务收入、营销服务收入、增值服务收入等，占营业收入比重最大，但下滑趋势明显，从 51.50% 下降到 38.74%；佣金收入占比比较稳定，一直保持在 20% 上下。这表明，阿里巴巴的营业收入主要来自核心商业平台业务，包括淘宝、天猫、盒马、天猫国际、考拉海购、Lazada、饿了么等。

表 1-3 阿里巴巴 2018—2020 财年营业收入分析

金额单位：亿元

营业收入项目	2018 财年		2019 财年		2020 财年	
	金额	占营业收入比重	金额	占营业收入比重	金额	占营业收入比重
1. 客户管理服务	1 288.98	51.50%	1 656.16	43.95%	1 974.63	38.74%
2. 佣金	524.11	20.94%	810.86	21.52%	1 001.29	19.64%
3. 会员费	138.23	5.52%	191.39	5.08%	228.46	4.48%
4. 物流服务	67.59	2.70%	233.97	6.21%	339.42	6.66%
5. 云计算服务	133.90	5.35%	247.02	6.55%	400.16	7.85%
6. 商品销售	187.19	7.48%	469.42	12.46%	955.03	18.74%
7. 其他收入	162.66	6.50%	159.62	4.24%	198.12	3.89%
营业收入合计	2 502.66	100.00%	3 768.44	100.00%	5 097.11	100.00%

注：本表根据阿里巴巴 2018—2020 财年财务报表整理。财年为每年 4 月 1 日至次年 3 月 31 日。表中数据有四舍五入的计算尾差。

第二节 分析目标公司经营战略

一、发展战略

（一）发展战略的分类

公司的发展战略大致分为三类：水平一体化战略、垂直一体化战略和多元化战略。水平一体化战略是指在业务性质相同或类似的领域内横向扩大发展。例如，美的集团（000333）在家电领域内不断延伸产品线，产品不光包括冰箱、洗衣机、空调等，还包括厨房家电和小家电等。垂直一体化战略是指在某个业务领域的基础上向后或向前一体化发展，进军上下游产业。例如，钢铁企业通过股权收购的形式购买铁矿石生产企业，就是为了保证高品质铁矿石原料稳定供应并控制成本，属于后向一体化。多元化战略是指在完全不同的业务领域内实现多种业务的同时经营，各个业务板块互相支撑、共同发展。例如，房地产公司进军金融领域、互联网公司转战新能源汽车市场等，就属于多元化战略。

实务中，水平一体化战略和垂直一体化战略实施难度相对较低，带给公司的经营风险相对可控，因为公司对同一行业或者相邻上下游行业的情况往往比较了解，一体化之后大概率可以实现规模经济或节约成本。多元化战略的动因通常有两个：一是分散经营风险，"鸡蛋不要放在同一个篮子里"；二是公司在本行业中增长乏力，不得不跨界寻求新的业务增长点。多元化战略在实施中由于受到行业壁垒、资金实力、管理人才、市场经验和经济政策等多方面因素的影响，公司面临的挑战和风险较大。有很多公司成功实施了多元化战略，也有很多公司被多元化战略所累，副业拖垮主业，可谓"成也萧何，败也萧何"。

（二）发展战略对财务分析的影响

实施一体化战略的公司，其资产构成、负债水平、毛利率、营业净利率等很大程度上受到行业共同因素的影响，如果行业整体不景气，处于其中的单个公司很难独善其身。实施多元化经营的公司，在对其进行盈利能力、资产管理能力分析时，区分不同的业务性质和模块进行详细分析更有意义；做同行业对比时，应选取合适的标杆公司，对比的业务口径要尽量一致，否则会导致分析结论失效。

我们以海澜之家和雅戈尔为例进行分析和说明。

海澜之家位于江苏省江阴市，1997 年成立，实际控制人为个人，属于民营企业。公司业务涵盖男装、女装、童装、职业装以及生活家居等产品序列，拥有海澜之家、圣凯诺、OVV、海澜优选、黑鲸、男生女生等多个品牌。海澜之家基本上在服装领域横向拓展业务，属于水平一体化发展战略。2020 年公司营业收入、营业成本和毛利率的情况如表 1-4 所示。

表 1-4 海澜之家 2020 年营业收入、营业成本和毛利率

金额单位：亿元

业务领域	营业收入	营业成本	毛利率
公司整体	179.59	112.38	37.42%
其中：服装	174.44	107.80	38.20%
其中：裤子	38.85	24.09	37.99%
T 恤衫	23.04	13.93	39.52%[①]
羽绒服	20.35	12.10	40.53%
衬衫	20.22	12.91	36.11%
西服	17.12	9.80	42.76%
夹克衫	12.42	8.34	32.82%
针织衫	9.27	6.16	33.55%
其他	33.20	20.47	38.33%

资料来源：海澜之家 2020 年年报。

雅戈尔总部位于浙江省宁波市，成立于 1979 年，实际控制人为个人，同样属于民营企业。雅戈尔秉承多元化发展战略，涉足品牌服装、地产开发和投资业务，每项业务之间基本没有关联。其中：品牌服装业务定位中高端商

---

① 数据由元转换为以亿元为单位计算时进行了四舍五入，因此，存在计算尾差。全书多处同理。

务人士，主打衬衫、西服、裤子、上衣等职业装。雅戈尔
2020 年营业收入、营业成本和毛利率如表 1-5 所示。

表 1-5　雅戈尔 2020 年营业收入、营业成本和毛利率

金额单位：亿元

业务领域	营业收入	营业成本	毛利率
公司整体	114.76	53.26	53.59%
其中：品牌服装	51.37	16.62	67.65%
地产开发	50.33	29.71	40.96%

资料来源：雅戈尔 2020 年年报。营业收入按"净额法"口径计算，数据由于四舍五入有尾差。

　　对比以上两张表格可以看出：海澜之家 2020 年服装业务毛利率为 38.20%，公司整体毛利率为 37.42%；雅戈尔 2020 年品牌服装毛利率为 67.65%，公司整体毛利率为 53.59%。如果我们不区分业务模块，笼统地拿雅戈尔的整体毛利率减去海澜之家的整体毛利率，会发现两者的差异为 16.17 个百分点；如果区分业务模块，会发现两家公司服装业务的毛利率差异为 29.45 个百分点，雅戈尔品牌服装业务的毛利率约为海澜之家服装业务毛利率的 1.77 倍。因此，在进行公司盈利能力分析时，要想得出更为恰当的结论，就要注意区分不同模块的业务，分别进行比较和讨论。

二、竞争战略

美国哈佛大学教授迈克尔·波特认为，公司有三大通用竞争战略：总成本领先战略、差异化战略和集中战略。

（一）总成本领先战略

该战略要求公司通过规模生产、管理经验等降低成本，严格控制管理费用和销售费用，在研发、营销、服务等领域实现费用最低化等，从而获得竞争优势。传统观念认为，总成本领先战略主要适用于钢铁、水泥、玻璃、石油石化、交通运输、公用事业等提供标准化产品或服务的行业。对于这些行业来说，低成本的确是其撒手锏。但这并不意味着其他行业不能采用该战略。实际上，对于任何行业，物美价廉都是永不过时的核心竞争力，因为客户或消费者总是无法拒绝高性价比的商品或服务。总成本领先战略在财务上的表现，通常是销量高、售价低、单位成本低、费用率低，最终的财务成果是较低的营业净利率。

我们来看小米（港交所代号：1810）的竞争战略。小米2010年成立之后，打造了"硬件＋新零售＋互联网"的高效率商业模式，智能手机等主打产品凭借性价比高、渠道费用低的优势，通过饥饿营销和事件营销，在竞争激烈的一片红海中脱颖而出。2018 年，雷军在小米新品发布会（见图 1-2）上表示："2018 年 4 月 23 日，小米董事会决议，从今天起，小米硬件（包括手机和各种生态链产品）综合净利润率，永远不会超过 5%。如有超出的部分，将超出部分全部返还给用户。"

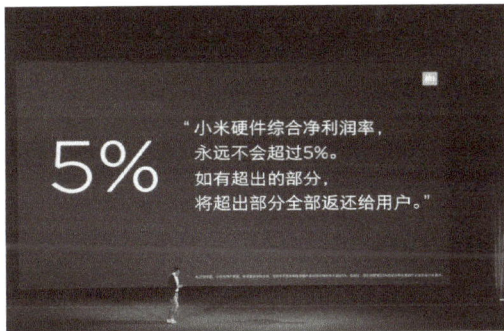

图 1-2 小米新品发布会

雷军解释称，这个决议是为了将技术创新与效率提高放在同等重要的地位。"股东也希望小米有 20%～30% 的利润，我说你们断了这个念头，永远不会超过 5%。小米不单是硬件利润，还有其他收入。有了这个限制可以让小米在未来能够成为一家伟大的公司。"

2018 年，小米营业收入达到 1 749.15 亿元人民币，首次进入《财富》杂志"世界 500 强"，成为历史上最年轻的 500 强企业。但小米 2018 年的净利润为 85.55 亿元人民币，营业净利率仅为 4.89%。这一数据印证了雷军的上述言论。

小米之所以能够成功，是因为它坚持做高性价比的产品，让普通消费者能够买得起、用得好。市场竞争是残酷的，很多公司为了自身发展壮大追求高利润率，小米却反其道而行之，通过低价高质"杀出一条血路"。不管时代如何变迁，小米的竞争战略和营销方式堪称经典。

（二）差异化战略

该战略要求公司提供被市场认可的独特产品或者服务。实施差异化战略的方法包括独特的产品设计或品牌形象、技术实力差异化、独特的产品性能、客户服务差异化、经销商渠道差异化等。差异化的商品或服务独树一帜，可以帮助公司获得高于同质化商品或服务的售价、毛利率和营业净利率。实施差异化战略的关键是公司要通过市场调查找到客户或消费者的痛点。对客户或消费者认为无关紧要的部分，进行过度投入和开发，通常是得不偿失的。

差异化战略除了应用于商品或服务，还可以应用于公司的经营理念和管理哲学。日本 7-Eleven 便利店创始人铃木敏文的零售哲学就是很好的例证。7-Eleven 最初是美国南方公司创立的连锁经营店，铃木敏文最初提议加盟之时，就遭到了所在的伊藤洋华堂公司内部的强烈反对。当时很多人认为，超市和商场正大行其道，街边小店已经门可罗雀，逆势而为建立小型店，是与市场背道而驰的。铃木敏文没有屈服于大多数人的意见，坚持认为中小型零售店不能和大型商超采用相同的经营方法，而应该挖掘出差异化的经营特点，从根本上提高生产效率，这样才有机会与大型商超并驾齐驱，实现共存的目标。

在克服了很多困难之后，1974 年 5 月，日本第一家 7-Eleven 便利店正式开业。在经营过程中，铃木敏文对便利店有着清晰的认识和定位——便利店的本质不在于"便宜"，而在于"方便"。"方便"的基础是物理空间上离得近、时间上全日无休，而不在于门店总数或者总营业额。7-Eleven 后续申请银行牌照、铺设 ATM、提供上门配送等一系列服务，都是围绕着"方便"这一核心价值点展开的。

在店铺产品开发上，铃木敏文认为 7-Eleven 追求的永远都是"品质"二字，而不是"价廉"。2001 年，在通货紧缩的宏观经济环境下，麦当劳推出了工作日半价的促销活动，一个汉堡包只卖 65 日元，吉野家的牛肉盖浇饭也降价至 280 日元。7-Eleven 的产品研发负责人认为"在不景气的大环境下，消费者更喜欢价格低廉的产品"，提议推出比 100 日元价格更低的饭团。铃木敏文认为，这是一种典型的以昔日成功经验为基础的思维误区。他认为比起价格，产品的新价值、口味更好的体验更能促进消费者的购买意愿。于是，他力排众议，推出了食材高端、包装精致的黄金鲑鱼饭团，售价 160 日元，获得了口碑和业绩的双丰收。

铃木敏文在工作中大量运用心理学和统计学知识，遵循"假设—执行—验证"的方法论，首先留心观察，基于消费者心理大胆提出假设，坚决执行，再基于统计数据来进行验证。虽然铃木敏文所处的时代和商业环境与今天不同，其经营战略我们无法直接复制，但其运用的方法论是普遍适用的，值得人们学习和借鉴。

（三）集中战略

集中战略又叫聚焦战略，是公司瞄准特定的客户、产品类别或销售区域的战略。集中战略能够帮助公司将核心资源投入某一细分市场，快速形成竞争优势。尤其是对于资源有限的中小企业来说，高度聚焦尤为重要。

集中战略常常与总成本领先战略、差异化战略结合使用。公司可以通过降低成本来服务目标市场，也可以通过差异化更出色地满足目标市场的需求，或者通过低成本和差异化两者兼而有之的方式，集中服务特定的目标市场。

实施集中战略的公司往往秉承专业化发展的路线，主业突出，不盲目进行多元化扩张。我国实施集中战略的上市公司非常多，包括万科A（000002）、格力电器（000651）、贵州茅台（600519）等。长城汽车（601633）可谓该战略的实施典范。

2008年，长城汽车投资数十亿元进入轿车市场，然而当时合资品牌已经主导了轿车市场，吉利、奇瑞、比亚迪等竞争对手也占据了先发优势，长城汽车自身缺乏在轿车品类中的品牌优势，经营业绩不理想。当时，长城汽车同时经营皮卡、轿车、SUV、MPV等品类，年销量却不足

13 万辆，在中国自主车企中排名倒数第二。

迫于严峻的形势，长城汽车不得不重新进行战略思考和定位。考虑到轿车属于既有市场大、未来增长慢、缺乏战略机会的品类，长城汽车将最重要的业务品类由轿车调整为 SUV，公司的研发等核心资源向 SUV 倾斜。2013 年，长城汽车宣布将哈弗由车型独立为品牌，聚焦"10 万～15 万元、紧凑型尺寸"的经济型 SUV 市场，战略目标是成为全球最大的经济型 SUV 品牌。哈弗推出了H6 和 H2 两大单品，2016 年销售达近百万辆，确立了哈弗在中国 SUV 市场的领先地位。

SUV 市场的高速增长，吸引其他车企纷纷跟进，导致竞争进一步加剧。哈弗充分发挥聚焦优势，加快产品更新换代速度，确保核心品项每年都有新车，从而稳固了市场地位。SUV 市场经过十多年发展，进入消费升级阶段。长城汽车敏锐捕捉到这一变化，2016 年发布了中国首个豪华SUV 品牌"WEY"，聚焦 15 万～20 万元 SUV 市场，打开了全新的发展空间。

2017 年，长城汽车销售额超千亿元，创造了中国汽车史上的一个奇迹。作为一家没有合资背景的民营车企，长城汽车崛起的背后，经营战略起到了至关重要的作用。

第三节　熟悉目标公司行业背景

一、行业分类

俗话说："女怕嫁错郎，男怕入错行。"行业的选择，无论对于个人就业还是公司发展，都是至关重要的。选对行业，就意味着大的战略方向正确，某种意义上可以说成功了一大半。

（一）经济学中的行业分类

1. 根据生产要素的聚集程度分类

经济学中，根据各个生产要素在不同行业的聚集程度，可将行业分为资源密集型、劳动密集型、资金密集型、技术密集型和知识密集型。

在我国，土地是最重要的资源，与土地资源（含自然资源）关系最密切的是农、林、牧、渔业，矿产资源采掘业，等等。劳动密集型行业的产品附加值通常较低，需要大量的产业工人，服装纺织业、酒店餐饮业、食品加工业、建筑施工业等都属于劳动密集型行业。资金密集型行业需要投入大量资本，主要分布在基础工业和重工业，包括冶金业、设备制造业、石油化工业、电力工业、房地产业等。技术密集型行业科技人员占比大，劳动生产率高，主要分布在航空航天、生物科技、新材料开发、电子、通信、计算机、核能、智能制造等领域。知识密集型行业主要分布在教育培训、医疗卫生、金融服务、信息与通信服务、科技服务、商务服务等服务领域。值得注意的是，有些行业同时属于两种或两种以上的类型。例如，能源开采业既可以归属于资源密集型行业，又可以归属于资金密集型行业，还可以归属于劳动密集型行业；金融服务业既可以归属于知识密集型行业，又可以归属于资金密集型行业。

2. 根据行业的周期性分类

经济学中，根据行业景气度是否具有周期性变化，可以将行业分为周期性行业和非周期性行业。

周期性行业与宏观经济环境高度正相关。行业景气时，产品需求上升，价格大涨，为满足突然膨胀的市场需求，产能大幅度扩张，公司业绩增长，股票受到投资者追捧；而行业萧条时，则正好相反。汽车、钢铁、房地产、有色金属、石油化工、煤炭、电力、建材、水泥、工程机械、装备制造、奢侈品等属于典型的周期性行业。非周期性行业一般不受宏观经济影响，往往跟人们日常消费和生活息息相关，属于刚需型行业。粮食、食品、饮料、服装、日用百货、医药、交通运输、教育等属于非周期性行业。

（二）证监会的行业分类

证监会 2012 年修订发布的《上市公司行业分类指引》中，以合并财务报表中的营业收入作为主要分类标准和依据，对上市公司按季度进行动态的行业分类。当上市公司某类业务的营业收入比重大于或等于 50%，则将其划入相应行业；如果没有一类业务的营业收入比重大于或等于 50%，但某类业务的收入和利润均在所有业务中最高，而且均占到公司总收入和总利润的 30%（含）以上，则将公司归入相应的行业类别；不能按以上方法确定行业归属的，由行业分类专家委员会根据公司实际经营状况判断行业归属；归属不明确的，划为综合类。按照《上市公司行业分类指引》（2012），上市公司共分为 19 个门类、90 大类。19 个门类分别是：农、林、牧、渔业，采矿业，制造业，电力、热力、燃气及水生产和供应业，建筑业，批发和零售业，交通运输、仓储和邮政业，住宿和餐饮业，信息传输、软件和信息技术服务业，金融业，房地产业，租赁和商务服务业，科学研究和技术服务业，水利、环境和公共设施管理业，居民服务、修理和其他服务业，教育，卫生和社会工作，文化、体育和娱乐业，以及综合。这一分类方法被广泛用于有关证券市场的各类学术研究和实务分析当中。

二、行业生命周期

行业生命周期可以分为萌芽期、成长期、成熟期和衰退期。有些行业发展相对缓慢，有些行业则会快速走完生命历程。我们以通信行业为例。20 世纪 90 年代，我国很多家庭尚未安装固定电话，打电话需要寻找公用电话亭。寻呼机在当时可谓稀罕物品，拥有一台寻呼机成为年轻人的风尚。在 1999 年的大学校园，如果谁斥资 400 元购买一台颜色靓丽的汉显寻呼机，会引起很多同学的羡慕。然而，仅仅 3 年之后，2002 年手机已经开始在全国普及，寻呼机迅速被淘汰。回顾寻呼业短暂又辉煌的一生，令人感慨万千：寻呼业 20 世纪 80 年代中期诞生，90 年代处于暴利时期，21 世纪初被手机完全取代，整个行业的生命周期不过短短十几年的时间。现在的"00 后"，基本不知寻呼机为何物了。尽管如此，手机普及之后，通信行业的脚步并未停止，从 1G 时代迅猛发展到 5G 时代，无数手机品牌在红海之中起落浮沉，有的甚至消失得无影无踪。

从通信行业的发展可以看出，科技进步对一个行业的影响巨大。此外，政府政策、消费习惯等因素也会对行业生命周期产生不可忽视的作用。2021 年，我国政府针对义务教育阶段的"双减"政策出台，中小学学科类培训业务受到巨大冲击，培训机构不得不歇业或者进行转型。快节奏的生活，使得人们的阅读习惯发生改变。手机、Kindle等电子设备存储量大，方便携带，既能满足人们随时随地阅读的需要，又可以节约宝贵的森林资源，逐步取代了部分纸质出版物。传统出版行业顺应趋势，推出网络新媒体和电子杂志、电子图书，以应对市场需求的变化。

在进行公司财务分析时，我们必须了解行业目前所处的发展阶段、行业最新科技、行业未来发展趋势等，尤其是对高科技产业和创新型产业，一定要关注行业前景和政府相关产业政策，并结合公司当前技术水平、人才储备、研发重点和资金投入等方面的情况进行综合考量。从这个意义上来说，财报分析看似简单，但"工夫在诗外"。

三、行业竞争程度

（一）市场类型的划分

西方经济学将市场分为四种类型：完全竞争、垄断竞争、寡头垄断和完全垄断。这四种类型中，完全竞争和完全垄断的行业相对较少，更多的行业处于垄断竞争和寡头垄断的环境中。农产品属于典型的完全竞争行业，生产者众多，产品无差异，行业进退自由，市场竞争主要依靠价格手段。钢铁、水泥、煤炭、玻璃等标准化大宗商品，如果没有政府的产业政策限制，也可以看作完全竞争行业。20 世纪 90 年代，我国小钢厂遍地林立，生产规模小，产品同质化，当市场供给超过市场需求时，就会导致恶性价格竞争，钢铁卖出白菜价。煤炭、水泥等行业也有类似经历。垄断竞争行业最为常见，服装业、家电业、日用品业、餐饮业等大都属于这一类型。寡头垄断行业往往已经历过激烈竞争的阶段，存活下来的企业数量较少，或者由于政府管控、技术壁垒等，形成了相对稳定的态势，如汽车、飞机、石油、电信等领域。这些行业进入门槛很高，新进入者需要很强的资金实力、技术实力或政策支持。完全垄断市场相对较少，一般属于关系国计民生的行业，如铁路、电网、造币、邮政等。

（二）行业竞争程度的衡量

行业竞争程度往往与行业发展阶段有关。在行业新兴时期，市场一片蓝海，吸引众多投资者加入；行业进入高速成长期，一些实力雄厚的企业逐渐发展壮大，形成竞争优势；到了行业成熟期，弱小的竞争者被淘汰出局，形成寡头垄断的格局。

以新能源汽车行业为例。我国新能源汽车作为新兴产业，目前处于蓝海阶段，增长空间巨大。2022年，我国新能源汽车产销分别完成705.8万辆和688.7万辆，同比分别增长96.9%和93.4%，连续8年位居全球第一。巨大的市场和低碳的愿景吸引资本大量涌入，除了传统车企和小鹏、蔚来、理想等电动汽车品牌，不少互联网企业及家电企业跨界进军新能源汽车领域。未来，新能源汽车将进入加速发展阶段，也将面临日益激烈的行业竞争。蔚来 CEO 李斌 2021 年在接受媒体采访时表示，目前造车需要储备的资金门槛高达 400 亿元，因为汽车行业不光固定资产投入很大，技术研发、服务体系和基础设施也需要投入巨额资金。没有充足的资金储备，很难成为一家有竞争力、可持续发展的公司。

那么，如何来反映和衡量行业竞争程度呢？常用指标有行业集中度（CRn）和赫芬达尔－赫希曼指数（HHI）。CRn 是指该行业内最大的 n 家企业所占市场份额的总和。例如，CR$_4$ 是指行业内最大的 4 家企业占有的市场份额之和。该指数越大，说明行业集中度越高，竞争程度越低。其缺点是没有指出这个行业中正在运营和竞争的企业总数。HHI 是指相关市场上所有企业所占市场份额的平方和。该指数越大，同样说明行业集中度越高，竞争程度越低。

（三）行业竞争程度分析——以家电行业为例

我们以家电行业为例，进行行业竞争程度的简单分析。家电行业主要分为 4 个细分类别，分别为白色家电、黑色家电、厨卫电器与小家电（根据"申万二级"行业分类标准）。白色家电是指可以减轻人们劳动强度、改善生活环境的家电，多采用白色涂装，主要包括冰箱、洗衣机和空调。黑色家电可以为人们提供视听娱乐，丰富人们的精神生活，外观颜色以黑色为主，包括电视、音响、影碟机等。厨卫电器包括燃气灶、油烟机、消毒柜、集成灶、洗碗机、浴霸等。小家电是以上三种之外的家电，体积、功率较小，有众多品类，主要功能是提升生活质量，如电磁炉、微波炉、电烤箱、电饭锅、饮水机等。

1.总体情况

2020 年，家电行业整体营业收入有所下滑。根据各公司 2020 年年报披露的数据，2020 年营业收入超过 1 000 亿元的家电企业有 3 家，超过 500 亿元的有 5 家。美的集团（000333）、海尔智家（600690）和格力电器（000651）依然稳坐家电行业营业收入前三的位置。2020 年我国家电行业营业收入排名前 15 名的公司如表 1-6 所示。

表 1-6　2020 年我国家电行业营业收入排名前 15 名的公司

单位：亿元

排名	股票代码	股票简称	业务类别	营业收入
1	000333	美的集团	白色家电	2 857
2	600690	海尔智家	白色家电	2 097
3	000651	格力电器	白色家电	1 705
4	600839	四川长虹	黑色家电	944
5	000016	深康佳 A	黑色家电	504
6	000921	海信家电	白色家电	484
7	600060	海信视像	黑色家电	393
8	002429	兆驰股份	黑色家电	202
9	002032	苏泊尔	小家电	186
10	000521	长虹美菱	白色家电	154
11	002705	新宝股份	小家电	132
12	002242	九阳股份	小家电	112
13	000810	创维数字	黑色家电	85
14	002668	ST 奥马	白色家电	83
15	002508	老板电器	厨卫电器	81

资料来源：巨潮资讯网。营业收入数据四舍五入，保留整数。

2. 分业务领域

白色家电市场，美的集团、海尔智家和格力电器三家公司遥遥领先；黑色家电市场，代表公司有四川长虹、深康佳 A 和海信视像等；厨卫电器市场，代表公司包括老板电器、万和电气和华帝股份等；小家电市场，代表公司包括苏泊尔、九阳股份，以及后来居上的新宝股份、小熊电器等。

3.行业集中度

2020 年美的集团实现的营业收入占全年家电行业总营业收入的 19.2%，海尔智家占比为 14.2%，格力电器以 11.5% 的比重排名第三。家电行业 CR_3 为 44.9%，CR_6 为 57.9%。2020 年家电行业集中度显著提升，已占据领先优势的企业在市场上的话语权越来越大，留给其他中小企业的机会越来越少。可以说，任何外部资本和跨界企业，想在这样一个成熟的行业进行颠覆性的突破和创新，是非常困难的。

四、行业价值分析

对于行业的研究，不仅要关注行业自身的发展阶段、行业的竞争程度，还要从更宏观的角度，观察和分析行业在全球产业链中所处的位置，行业在全球产业链中创造多少价值，行业在全球产业链中是否具有话语权，行业未来是否会被其他行业替代，等等。

我们以智能手机全球产业链为例。

智能手机产业链上游包括操作系统开发商、芯片开发商、零部件供应商和存储器供应商。操作系统方面，苹果iOS系统和谷歌安卓系统两分天下；芯片方面，高通、苹果、联发科、三星、华为海思占据的市场份额位居前列；手机屏幕方面，韩国三星在这一细分市场具有垄断优势，中国的京东方和深天马近年来有显著的进步；手机摄像头领域，基本被韩国、日本和中国的厂商所垄断；手机存储器方面，韩国的三星和海力士是主要的存储器生产商。

智能手机产业链中游包括手机设计公司、智能手机生产商和手机品牌商等。据统计，2022年，全球智能手机出货量前三名分别为韩国的三星、美国的苹果和中国的小米。三星排名第一，市场份额占比达到了21.6%；苹果排名第二，占比18.8%；小米位居第三，占据了12.7%的市场份额。

智能手机产业链的下游包括运营商、渠道商、增值服务供应商等。各国基本都有自己的移动通信运营商和渠道商，我国的运营商主要包括中国移动、中国电信、中国联通等，渠道商有线上电商和线下经销商等。

对于一个手机品牌来说，运营总成本包括研发成本、设计成本、制造成本、营销推广成本和客户服务成本。单就手机制造成本来说，硬件方面成本占比最大的是手机屏幕和芯片，手机屏幕占总成本的 30% 左右，芯片占总成本的 20% 左右，两者合计占总成本的一半左右；其次是手机摄像头，约占手机硬件成本的 10%。

通过以上对手机全产业链的简单分析，我们可以看出：在全球智能手机产业链中，操作系统、核心零部件的生产技术大多掌握在国外厂商手中，我国手机品牌虽然在全球市场中占据了较大的市场份额，但大多只具备系统集成能力。可喜的是，以华为、京东方为代表的高科技企业正在奋力追赶，逐步缩小与国外企业的差距，相信未来中国会在智能手机市场拥有更多的话语权。

五、行业财务分析

公司的财务情况和经营业绩跟行业总体情况往往是高度正相关的，也就是说，如果行业不景气，行业内的某家公司想一枝独秀，可能性是非常低的。换一个角度说，行业总体情况反映了这个行业内公司的普遍特征。以下采用证监会《上市公司行业分类指引》（2012），对我国 A 股上市公司 2018—2020 年行业的总体情况进行分析。

（一）行业负债水平分析

1.整体行业情况分析

行业负债水平反映了行业的业务模式、经营特点和财务杠杆利用水平，同时也说明了行业总体财务风险的高低。表 1-7 至表 1-9 分别列示了 2018—2020 年资产负债率排名前十的行业，其中：货币金融服务以超过 90% 的资产负债率连续 3 年位居第一，房屋建筑业、资本市场服务、土木工程建筑业、房地产业连续 3 年排名前十，废弃资源综合利用业、建筑装饰和其他建筑业、生态保护和环境治理业有 2 年出现在前十的位置。

表 1-7　2018 年资产负债率排名前十的行业

行业代码	行业名称	截止日期	行业内公司总数	行业资产负债率
J66	货币金融服务	2018-12-31	25	92.39%
G59	仓储业	2018-12-31	6	90.00%
J68	保险业	2018-12-31	6	87.73%
E47	房屋建筑业	2018-12-31	2	81.36%
J67	资本市场服务	2018-12-31	38	72.09%

（续表）

行业代码	行业名称	截止日期	行业内公司总数	行业资产负债率
C42	废弃资源综合利用业	2018-12-31	5	70.75%
M75	科技推广和应用服务业	2018-12-31	1	68.56%
P82	教育	2018-12-31	3	68.42%
E48	土木工程建筑业	2018-12-31	59	66.19%
K70	房地产业	2018-12-31	118	65.47%

资料来源：国泰安数据库。表中数据包括上证 A 股和深证 A 股，剔除 ST 和 *ST 股，以及当年新上市或被暂停上市的公司。行业指标采用的是算数平均数。

表 1-8　2019 年资产负债率排名前十的行业

行业代码	行业名称	截止日期	行业内公司总数	行业资产负债率
J66	货币金融服务	2019-12-31	29	91.72%
J68	保险业	2019-12-31	7	84.80%
E47	房屋建筑业	2019-12-31	2	83.36%
J67	资本市场服务	2019-12-31	44	71.75%
E48	土木工程建筑业	2019-12-31	55	67.75%
E50	建筑装饰和其他建筑业	2019-12-31	21	64.10%
K70	房地产业	2019-12-31	116	63.99%
C42	废弃资源综合利用业	2019-12-31	3	59.49%
D44	电力、热力生产和供应业	2019-12-31	65	55.73%
N77	生态保护和环境治理业	2019-12-31	21	55.52%

资料来源：同表 1-7。

表 1-9 2020 年资产负债率排名前十的行业

行业代码	行业名称	截止日期	行业内公司总数	行业资产负债率
J66	货币金融服务	2020-12-31	38	91.57%
E47	房屋建筑业	2020-12-31	2	83.14%
J68	保险业	2020-12-31	7	79.08%
J67	资本市场服务	2020-12-31	49	71.38%
E48	土木工程建筑业	2020-12-31	59	69.06%
K70	房地产业	2020-12-31	114	64.88%
E50	建筑装饰和其他建筑业	2020-12-31	20	63.12%
N77	生态保护和环境治理业	2020-12-31	25	57.87%
B06	煤炭开采和洗选业	2020-12-31	23	57.84%
D44	电力、热力生产和供应业	2020-12-31	67	57.52%

资料来源：同表 1-7。

2. 个别行业重点分析——以房地产业为例

2018—2020 年房地产行业整体的资产负债率均在 60% 以上。房地产业属于资金密集型行业，向银行借款和在证券市场进行股权融资是其弥补自有资金不足的主要手段；销售上大量采用预售模式，预收账款和合同负债普遍较高。

以万科 A 为例，2018 年万科 A 资产负债率为 84.59%，2019 年为 84.36%，2020 年为 81.28%，大大高于行业平均水平。那么，这是否能说明万科 A 的财务风险偏高呢？我们来具体分析一下万科 A 负债的构成，如表 1-10 所示。

表 1-10　万科 A 2020 年负债结构分析

金额单位：亿元

项目	金额	占资产比重	有息负债占比	预收款项和合同负债占比
流动负债：				
短期借款	251.12	1.34%	1.34%	
衍生金融负债	3.36	0.02%		
应付票据	6.07	0.03%		
应付账款	2 956.85	15.82%		
预收款项	9.12	0.05%		0.05%
合同负债	6 307.47	33.74%		33.74%
应付职工薪酬	78.51	0.42%		
应交税费	290.37	1.55%		
其他应付款	2 127.58	11.38%		
一年内到期的非流动负债	604.62	3.23%	3.10%	
其他流动负债	539.86	2.89%		
流动负债合计	13 174.93	70.49%		
非流动负债：				
长期借款	1 320.37	7.06%	7.06%	

（续表）

项目	金额	占资产比重	有息负债占比	预收款项和合同负债占比
应付债券	435.76	2.33%	2.33%	
租赁负债	245.90	1.32%		
预计负债	2.15	0.01%		
其他非流动负债	11.90	0.06%		
递延所得税负债	2.31	0.01%		
非流动负债合计	2 018.39	10.80%		
负债合计	15 193.32	81.28%		
资产合计	18 691.77	100.00%	13.83%	33.79%

资料来源：根据万科 A 2020 年资产负债表和财务报表附注计算得出。

2020 年，万科 A 的资产负债率为 81.28%，其中：有息负债包括短期借款、长期借款、应付债券以及一年内到期的有息负债（包含在一年内到期的非流动负债中），分别为 251.12 亿元、1 320.37 亿元、435.76 亿元、578.75 亿元，合计 2 586 亿元，占资产的比重为 13.83%，即有息负债率为 13.83%；预收款项和合同负债两项合计占资产的比重为 33.79%，扣除预收款项和合同负债之后的资产负债率为 47.49%。

由上述指标的计算结果来看，万科 A 的财务负担并没有看上去那么沉重。

第一，公司大量负债都体现为商业信用、职工薪酬、税费等无息负债，说明公司信用良好，可以无偿占用供应商、客户、员工等利益相关方的资金，这为公司节约了利息费用等财务成本。

第二，有息负债中，短期借款和一年内到期的有息负债合计为 829.87 亿元，占有息负债比重为 32.09%，说明公司短期内的还债压力较小。

第三，预收款项表明公司还未形成履约义务但已经收取的款项，合同负债指公司已收（或应收）客户款项、根据合同规定应向客户转让商品的义务。这两项简单理解就是：公司已经收款，但商品房尚未交付，从而形成了公司的负债。它反映了公司占用的客户资金，站在经营的角度，这对公司是有利的。

（二）行业盈利能力分析

1.整体行业情况分析

行业盈利能力反映了行业整体经营业绩的好坏或高低。用一句通俗的话来说，行业盈利分析就是看这个行业赚不赚钱。反映盈利能力常用的指标包括毛利率、营业利润率、营业净利率等。我们以毛利率为例进行分析。

毛利是盈利能力的第一道关，也是营业利润和净利润形成的基础。 行业毛利率反映了该行业的景气程度，投资者可以借此观察该行业是否有投资的潜力。毛利率特别低的公司，想获得高的净利率非常困难，只能靠大量的投资获利、政府补助、资产处置损益和营业外收支等项目去补充。

表 1-11 至表 1-13 分别列示了 2018—2020 年毛利率排名前十的行业。医药制造业连续 3 年毛利率排名前十，2020 年毛利率以 60.91% 高居榜首；酒、饮料和精制茶制造业 2018 年和 2019 年毛利率均在 50% 以上，2020 年跌出前十名；餐饮业、租赁业和资本市场服务 2018 年和 2019 年毛利率均在 40% 以上，同样在 2020 年跌出前十名。可以看出，2020 年，我国各行各业的经营都出现了较大变化，不少行业毛利率波动很大，只有医药制造业一枝独秀。2020 年表现亮眼的还有互联网和相关服务，凸显了高科技行业具有较强的抗风险能力。

表 1-11　2018 年毛利率排名前十的行业

行业代码	行业名称	截止日期	行业内公司总数	行业毛利率
M75	科技推广和应用服务业	2018-12-31	1	65.81%
J69	其他金融业	2018-12-31	11	65.72%
H61	住宿业	2018-12-31	6	62.23%
C27	医药制造业	2018-12-31	155	55.93%
M73	研究和试验发展	2018-12-31	3	54.81%
B10	非金属矿采选业	2018-12-31	1	53.98%
C15	酒、饮料和精制茶制造业	2018-12-31	40	52.36%
J67	资本市场服务	2018-12-31	38	48.44%
H62	餐饮业	2018-12-31	2	46.91%
L71	租赁业	2018-12-31	3	42.38%

资料来源：国泰安数据库。表中数据包括上证 A 股和深证 A 股，剔除 ST 和 *ST 股，以及当年新上市或被暂停上市的公司。行业指标采用的是算数平均数。

表 1-12　2019 年毛利率排名前十的行业

行业代码	行业名称	截止日期	行业内公司总数	行业毛利率
H61	住宿业	2019-12-31	6	60.24%
B10	非金属矿采选业	2019-12-31	1	58.45%
C27	医药制造业	2019-12-31	158	56.36%

（续表）

行业代码	行业名称	截止日期	行业内公司总数	行业毛利率
C15	酒、饮料和精制茶制造业	2019-12-31	37	54.95%
M73	研究和试验发展	2019-12-31	3	53.08%
J69	其他金融业	2019-12-31	13	51.55%
P82	教育	2019-12-31	7	50.51%
H62	餐饮业	2019-12-31	2	45.36%
L71	租赁业	2019-12-31	3	45.17%
J67	资本市场服务	2019-12-31	44	44.68%

资料来源：同表 1-11。

表 1-13　2020 年毛利率排名前十的行业

行业代码	行业名称	截止日期	行业内公司总数	行业毛利率
C27	医药制造业	2020-12-31	154	60.91%
I64	互联网和相关服务	2020-12-31	35	56.61%
C29	橡胶和塑料制品业	2020-12-31	49	55.06%
J66	货币金融服务	2020-12-31	38	54.97%
C38	电气机械及器材制造业	2020-12-31	151	53.67%
C26	化学原料及化学制品制造业	2020-12-31	172	51.97%

（续表）

行业代码	行业名称	截止日期	行业内公司总数	行业毛利率
D44	电力、热力生产和供应业	2020-12-31	67	45.80%
J68	保险业	2020-12-31	7	44.22%
C35	专用设备制造业	2020-12-31	120	43.40%
A04	渔业	2020-12-31	6	43.09%

资料来源：同表 1-11。

2. 个别行业重点分析——以医药行业为例

我们重点分析一下医药行业。医药制造业截至 2020 年底有 154 家上市公司。其中，华润双鹤（600062）是一家有国资背景的医药企业，有 80 多年的经营历史，主营业务涵盖新药研发、制剂生产、药品销售、制药装备及原料药生产等方面。2018 年公司毛利率为 63.35%，2019 年公司毛利率为 63.43%，2020 年公司毛利率为 63.01%。从这3 年的数据来看，华润双鹤的毛利率均高于行业平均水平。行业龙头恒瑞医药（600276）的业绩表现则更为抢眼，2018—2020 年的毛利率高达 86.60%、87.49% 和 87.93%，远超行业平均水平。这是不是医药行业毛利率最高的公司呢？答案：不是。2018—2020 年平均毛利率最高的医药公司是微芯生物（688321）。这家公司是科创板首家过会的公司，2018—2020年毛利率分别为96.27%、95.81%和95%，3年平均毛利率达到惊人的95.69%，超过我武生物（300357）和泽璟制药（688266）。医药行业毛利率高的一个很大的原因是医药制品大量的研发费用并没有计入产品生产成本，将研发费用、三项期间费用、税费等非生产成本扣除之后，医药行业的营业净利率并没有想象中那么高。据国泰安数据库的统计，医药制造业2018—2020年的营业净利率分别为7.62%、6.15%和7.56%。可见，高毛利率并不意味着高营业净利率。

第四节　关注外部宏观经济环境

公司经营和宏观经济运行情况密不可分，经济景气度对公司会产生或大或小的影响，尤其是对于周期性行业来说，更是如此。我们要关注宏观经济环境和政府经济政策的变化，做趋势分析和前景预测时，这一点尤为重要。

一、宏观经济信息来源

进行宏观经济分析,首先需要搜集相关数据和资料。常用的信息渠道如下。

(一)政府部门网站

1.中国政府网

通过登录中国政府网"数据"频道,即可查看宏观经济运行数据和部门数据等。

2.国家统计局网站

国家统计局网站"统计数据"频道,会及时发布新的统计数据,并提供数据查询、数据解读服务。

3.中国人民银行网站

通过登录中国人民银行网站"统计数据与标准"频道,可查看社会融资规模、货币统计概览、金融业机构资产负债统计等。

4.证监会网站

证监会网站设有"统计信息"频道,可以查询证券市场、期货市场的统计数据以及行业分类结果、相关机构名录等。

（二）专业财经网站

除了政府部门网站以外，我们还可以登录专业财经网站，查询和搜集宏观经济数据、证券市场数据、上市公司年报、上市公司财务指标等。

1.巨潮资讯网

巨潮资讯网是证监会指定的上市公司信息披露网站，由深交所全资子公司深圳证券信息有限公司运营，为投资者提供一站式的证券市场信息服务，包括上市公司定期报告、各类公告、证券市场资讯、数据统计和投资者互动服务等。我们可在该网站首页搜索和下载上市公司的季报、中报和年报。

2.东方财富网

东方财富网设有数据中心，分析师可登录该网站查询经济数据、研究报告、年报季报、特色数据、新股数据、资金流向等信息。

此外，和讯网、金融界等网络媒体都开设了数据频道，可供查询宏观经济数据和证券、期货、外汇市场数据。

（三）专业数据库

专业数据库各类数据资源丰富，相较前两种信息渠道，其信息搜集方式更为方便和快捷，不足就是需要付费购买。国内各大科研机构、高校、证券公司应用较多的专业数据库包括万得（Wind）、国泰安（CSMAR）、中经网统计数据库等。

除了以上信息渠道以外，我们可以利用专业证券投资软件，如同花顺财经、大智慧、证券之星等查询宏观经济和上市公司数据。

二、宏观经济评价指标体系

评价宏观经济运行情况的基本指标体系主要如下。

（1）反映经济增长情况的指标：国内生产总值（GDP）、工业增加值、采购经理人指数（PMI）等。

（2）反映物价水平或通货膨胀率的指标：居民消费价格指数（CPI）、生产价格指数（PPI）等。

（3）反映就业情况的指标：失业率。

（4）反映消费情况的指标：社会消费品零售总额。

（5）反映投资情况的指标：固定资产投资。

（6）反映进出口情况的指标：货物和服务进出口总额。

我们还可以关注反映货币政策的指标，如货币供应量、贷款利率、存款准备金率、再贴现率、社会融资规模、汇率、外汇储备等；反映财政政策的指标，如财政赤字率、税率等。

三、宏观经济环境简要分析

下面主要以 2019—2021 年宏观经济数据为例，简要说明如何解读宏观经济环境。

（一）经济增长情况

国内生产总值（GDP）是指一个国家所有常住单位在一定时期内生产活动的最终成果。根据国家统计局发布的数据：2019 年，我国 GDP 总额为 98.65 万亿元；2020 年，我国 GDP 总额为 101.60 万亿元，首次突破百万亿元大关，比 2019 年增长 2.3%[①]（国家统计局公布的数据）；2021 年，我国 GDP 总额为 114.37 万亿元，比 2020 年增

---

① 数据由元转换为以万亿元为单位计算时进行了四舍五入，因此，存在计算尾差。全书多处同理。

长 8.1%，人均 GDP 突破 1.2 万美元；2022 年，我国 GDP 达到 121.02 万亿元，比 2021 年增长 3.0%。

（二）物价水平

居民消费价格指数（CPI）是反映一定时期内城乡居民所购买的生活消费品和服务项目价格变动趋势和程度的相对数，是对城市居民消费价格指数和农村居民消费价格指数进行综合汇总计算的结果。CPI 可以用来衡量通货膨胀水平，如果 CPI 大于 3%，说明存在通货膨胀。生产价格指数（PPI）是反映一定时期内全部工业产品第一次出售时的出厂价格总水平的变动趋势和变动幅度的相对数。PPI 覆盖了三个生产阶段，分别是原材料、半成品和产成品。

PPI 反映的是生产环节的物价水平，CPI 反映的是消费环节的物价水平。PPI 是 CPI 的先行指标，其变动会影响 CPI，但两者也经常出现背离。CPI 和 PPI 同时明显上涨，表明经济增速较快，如果涨幅过大，要预防通货膨胀；CPI 和 PPI 同时下跌，意味着经济发展放缓，如果跌幅过大，会导致通货紧缩，经济陷入衰退；如果 CPI 上涨的同时 PPI 下跌，则意味着制造业上游生产动力不足，制造业下游处于相对有利的局面，经济有望复苏，进入下一轮扩张期；如果 CPI 下跌而 PPI 上涨，表明原料、能源、矿产等大宗商品供不应求，制造业上游利润增加，而制造业中下游利润减少，经济有衰退的风险。

2019—2021 年我国 CPI 和 PPI 涨跌幅情况对比如表 1-14 所示。从表 1-14 可以看出：2019 年 CPI 的涨幅不断上升，PPI 涨幅基本不断下滑，两者涨跌幅的差额逐步扩大；2020 年 CPI 的涨幅从高位不断下降，年底涨幅跌至 0 值上下，PPI 涨幅基本为负值；2021 年 CPI 涨幅基本在 2% 以下的低位运行，而 PPI 的涨幅出现了大幅上升，这使得两者的差额在 2021 年 10 月达到了 −12 个百分点。总体来看，2021 年底，CPI 处于低位运行，PPI 处于高位运行，中下游制造业利润受到很大冲击，对于大宗商品依赖度较大的行业，如基建、机械设备等行业将受到较大影响。

表 1-14　2019—2021 年我国 CPI 和 PPI 涨跌幅情况对比

统计时间	CPI 月度同比涨跌（%）	PPI 月度同比涨跌（%）	CPI 涨跌幅 −PPI 涨跌幅（个百分点）
2019 年 1 月	1.7	0.1	1.6
2019 年 2 月	1.5	0.1	1.4
2019 年 3 月	2.3	0.4	1.9

（续表）

统计时间	CPI 月度同比涨跌（%）	PPI 月度同比涨跌（%）	CPI 涨跌幅 -PPI 涨跌幅（个百分点）
2019 年 4 月	2.5	0.9	1.6
2019 年 5 月	2.7	0.6	2.1
2019 年 6 月	2.7	0.0	2.7
2019 年 7 月	2.8	−0.3	3.1
2019 年 8 月	2.8	−0.8	3.6
2019 年 9 月	3.0	−1.2	4.2
2019 年 10 月	3.8	−1.6	5.4
2019 年 11 月	4.5	−1.4	5.9
2019 年 12 月	4.5	−0.5	5.0
2020 年 1 月	5.4	0.1	5.3
2020 年 2 月	5.2	−0.4	5.6
2020 年 3 月	4.3	−1.5	5.8
2020 年 4 月	3.3	−3.1	6.4
2020 年 5 月	2.4	−3.7	6.1
2020 年 6 月	2.5	−3.0	5.5
2020 年 7 月	2.7	−2.4	5.1
2020 年 8 月	2.4	−2.0	4.4
2020 年 9 月	1.7	−2.1	3.8
2020 年 10 月	0.5	−2.1	2.6
2020 年 11 月	−0.5	−1.5	1.0
2020 年 12 月	0.2	−0.4	0.6
2021 年 1 月	−0.3	0.3	−0.6

（续表）

统计时间	CPI 月度同比涨跌（%）	PPI 月度同比涨跌（%）	CPI 涨跌幅－PPI 涨跌幅（个百分点）
2021 年 2 月	-0.2	1.7	-1.9
2021 年 3 月	0.4	4.4	-4.0
2021 年 4 月	0.9	6.8	-5.9
2021 年 5 月	1.3	9.0	-7.7
2021 年 6 月	1.1	8.8	-7.7
2021 年 7 月	1.0	9.0	-8.0
2021 年 8 月	0.8	9.5	-8.7
2021 年 9 月	0.7	10.7	-10.0
2021 年 10 月	1.5	13.5	-12.0
2021 年 11 月	2.3	12.9	-10.6
2021 年 12 月	1.5	10.3	-8.8

资料来源：根据中国政府网统计数据整理。

（三）失业率

失业率与宏观经济情况成反向变动关系。据统计，2020 年我国全年城镇新增就业 1 186 万人，比 2019 年少增 166 万人；2020 年末全国城镇调查失业率为 5.2%，城镇登记失业率为 4.2%。2021 年，城镇新增就业 1 269 万人，全国城镇调查失业率平均为 5.1%，比 2020 年略有下降。

（四）消费情况

消费、投资和出口是拉动经济的"三驾马车"。社会消费品零售总额是指企业（单位、个体户）通过交易直接售给个人、社会集团非生产、非经营用的实物商品金额，以及提供餐饮服务所取得的收入金额。2020 年我国社会消费品零售总额为 39.20 万亿元，比 2019 年下降 3.9%。其中：商品零售额下降 2.3%，餐饮收入额下降 16.6%。这说明 2020 年受新冠疫情影响，人们总体消费意愿下降。2021 年，我国实施了扩大内需战略，国内循环对经济发展的带动作用明显增强，社会消费品零售总额为 44.08 万亿元，比 2020 年增长 12.5%。据统计，2021 年，内需对经济增长的贡献率为 79.10%。

（五）固定资产投资情况

固定资产投资指城镇和农村各种登记注册类型的企业、事业单位、行政单位及城镇个体户进行的计划总投资 500 万元及以上的建设项目投资和房地产开发投资。2020 年，固定资产投资（不含农户）为 51.89 万亿元，同比上年增长 2.9%。其中：第一产业投资增长 19.5%；第二产业投资增长 0.1%；第三产业投资增长 3.6%。这说明：2020

年，在消费萎缩的情况下，国内经济增长主要来自基建等固定资产投资，其中第一产业的投资增速最快。2021 年，全国固定资产投资（不含农户）为 54.45 万亿元，比 2020 年增长 4.9%。这说明，固定资产投资仍然是提振经济的有效动力。

（六）进出口情况

2020 年，我国货物进出口总额为 32.16 万亿元，比 2019 年增长 1.9%。其中：出口 17.93 万亿元，增长 4.0%；进口 14.22 万亿元，下降 0.7%。货物进出口顺差 3.71 万亿元，比 2019 年增加 0.80 万亿元。全年服务进出口总额 4.56 万亿元，比 2019 年下降 15.7%。这一数据说明，2020 年货物净出口给我国经济增长做出了一定贡献。

2021 年，我国货物进出口总额为 39.10 万亿元，比 2020 年增长 21.40%；全年服务进出口总额 5.30 万亿元，比 2020 年增长 16.1%。这表明，出口仍然是拉动经济的重要力量。

02

第二章

资产负债表中的平衡之道

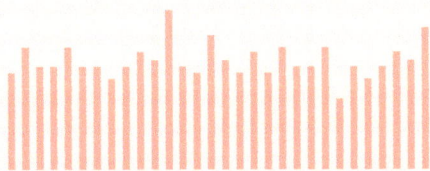

"你必须了解财务报表，它是上市公司与外界交流的重要语言，只有你愿意花时间去学习它，学习如何分析它，你才能独立选择投资目标，投资人财务上的成功与他对投资企业的了解程度成正比。"

——沃伦·巴菲特

生活中，每个人都有一张资产负债表，每个人都是自己的股东。每个家庭也有一张资产负债表，勤劳的父母总是希望给儿女创下一份家业。对于处于市场竞争中的公司来说，资产负债表就是反映公司"家底"的报表，它告诉世人：这家公司是家大业大，还是弱不禁风。

第一节　认识资产负债表

一、资产负债表的基本格式

2022 年北京冬奥会上，年轻运动员谷爱凌不负众望，收获"两金一银"，成为全民偶像。在采访中，谷爱凌提到，对她来说，如何平衡学业和滑雪，是一个很大的挑战。她在学习时，会专心去学，不去想滑雪的事儿；她去滑雪时特别高兴，开开心心地滑。谷爱凌的热爱和专注，使她成功平衡了学业和滑雪之间的关系，不仅获得了斯坦福大学的录取通知书，而且在奥运赛场上创造了历史。

资产负债表遵循平衡之道，其编制依据是会计平衡式

"资产＝负债＋所有者权益"。该表左侧的资产项目，列示了公司资金的具体用途或分布形态；右侧的负债和所有者权益项目，说明了公司资金的来源。如果公司没有记账错误，资产负债表最后一行总是"平"的，即"资产总计＝负债和所有者权益总计"。资产负债表的基本格式如表 2-1 所示。

表 2-1　资产负债表基本格式

单位：

资产	负债和所有者权益
流动资产	流动负债
非流动资产	非流动负债
	所有者权益
资产总计	负债和所有者权益总计

资产负债表左侧的资产项目，按照流动性由强到弱的顺序排列；右侧的负债项目，按偿还时间的长短排序，偿还期短的项目在前，偿还期长的项目在后。

二、资产负债表的具体项目

（一）资产的构成

资产包括流动资产和非流动资产两大类。流动资产通常在一年（或超过一年的一个营业周期）内变现、耗用或出售，或者为交易目的而持有。流动资产主要包括货币资金、交易性金融资产、应收及预付款项、存货等。流动资产以外的资产为非流动资产。非流动资产主要包括债权投资、长期股权投资、固定资产、在建工程、无形资产、开发支出、商誉、长期待摊费用等。资产主要构成项目如图 2-1 所示。

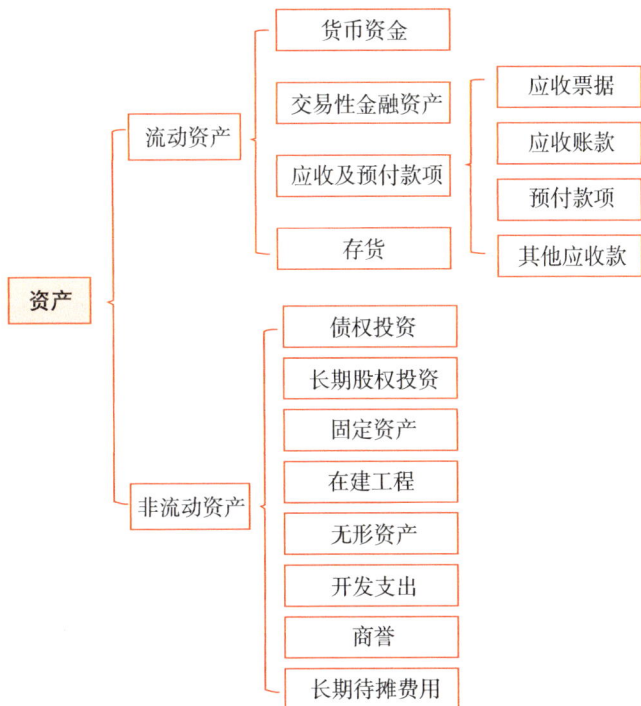

图 2-1　资产主要构成项目

1. 流动资产

（1）货币资金是指公司保险柜里的库存现金、银行存款和其他货币资金。货币资金是流动性最强的支付手段。2021 年末，格力电器（000651）账面上拥有货币资金 1 169 亿元，约占资产总额的 37%，这说明公司手头资金充裕，"手中有粮、心中不慌"。

（2）交易性金融资产主要是指以赚取差价为目的而持有的股票、债券、基金等投资。资产负债表中的数据，反映的是交易性金融资产的公允价值（可简单理解为"当前成交价格"）。由于公允价值具有实时变化的特点，因此，交易性金融资产体现的是"纸上富贵"，并未"落袋为安"。

（3）应收及预付款项包括应收票据、应收账款、预付款项和其他应收款四个报表项目。这四个报表项目均属于公司的债权。应收票据和应收账款是公司因销售商品或提供服务而向客户取得的收款权利（均以摊余成本计量）。不同的是，应收票据通常是指公司持有的商业汇票，包括银行承兑汇票和商业承兑汇票两种。预付款项是公司因采购物料和设备等预先支付给供应商的款项。其他应收款是指公司非购销业务形成的各种应收、暂付款项。按照财政部 2019 年发布的财务报表格式，"应收利息"和"应收股利"也包含在"其他应收款"项目下。

（4）存货包括公司购入的各种原料、物料、低值易耗品以及处在生产过程中的在产品、半成品以及库存商品等。对于制造业来说，存货是普遍存在的。2021 年末，贵州茅台（600519）有约 334 亿元的存货。作为酱香型白酒，茅台酒的生产（含贮存）周期在 5 年以上，这决定了公司账面上必定有大量的原料和在产品。

2.非流动资产

（1）债权投资和长期股权投资。债权投资是指公司持有的长期债权投资（以摊余成本计量），主要为债券投资。长期股权投资则是指公司对外能够实施控制、共同控制和重大影响的股权类投资。实务中，有一些公司属于投资控股型，自己不做实体，则在母公司的资产负债表上，就会体现出巨额的长期股权投资。

例如，泛海控股（000046）母公司 2021 年 12 月 31 日的资产负债表中，长期股权投资高达 487 亿元，而资产总额为 844 亿元，长期股权投资在资产总额中的占比为

57.70%。泛海控股母公司的大量投资，主要是投向金融业务和房地产项目。

（2）固定资产和在建工程。在财务上，只要使用期限超过一年、为了经营管理而持有的实物资产，均可划归固定资产。固定资产包括厂房、办公楼等建筑物，各类机器、机械和设备，车辆等运输工具，各类仪器、仪表以及办公家具等。在建工程是处于建设或建造过程中、尚未完工的基建、安装等项目。在建工程达到预定可使用状态之后，要转为固定资产。

（3）无形资产和开发支出。无形资产最大的特点是没有实物形态。无形资产具体包括专利权、非专利技术、商标权、著作权、特许权、专营权、土地使用权、矿产开采权、计算机软件使用权、操作系统使用权和网络平台使用权等。开发支出是尚未完成、允许计入无形资产的研发费用。

（4）商誉和长期待摊费用虽然列为公司资产，但由于两者均属于已经发生的支出，无法给公司带来未来现金流入，我们将在第三章中予以探讨。

（二）负债的构成

负债包括流动负债和非流动负债两大类。流动负债一般在一年（或超过一年的一个营业周期）内清偿，或者主要为交易目的而持有。流动负债主要包括短期借款、交易性金融负债、应付及预收款项、应付职工薪酬和应交税费。不符合流动负债标准的为非流动负债。非流动负债主要包括长期借款、应付债券、长期应付款等。负债主要构成项目如图 2-2 所示。

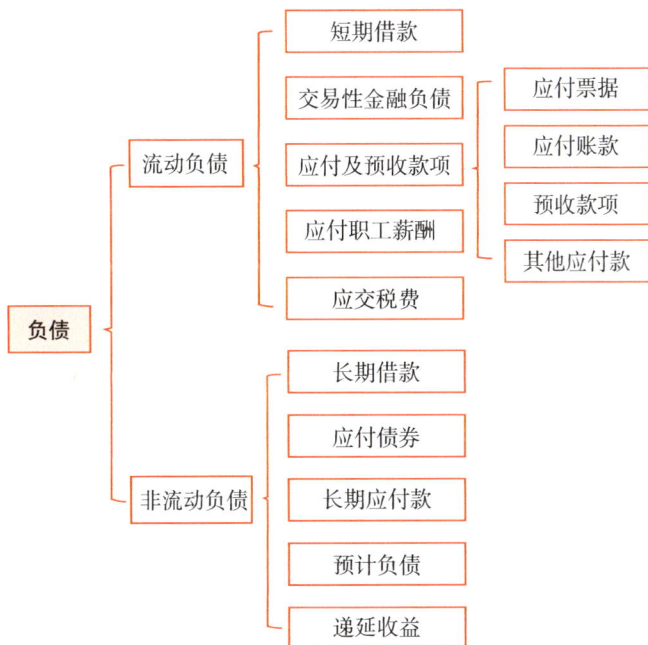

图 2-2 负债主要构成项目

1. 流动负债

（1）短期借款是指公司向银行等金融机构借入的偿还期在一年（含）以下的各种借款。

（2）交易性金融负债主要是指公司为了短期融资而发行的应付短期债券。此项目不是公司的必有项目。

（3）应付及预收款项包括应付票据、应付账款、预收款项和其他应付款。应付票据是公司采购物料、接受服务等给供应商开出的商业汇票（以摊余成本计量）。应付账款同样是基于采购活动应支付的款项（以摊余成本计量）。预收款项是公司按合同规定预收客户的款项，将来要以货物或服务偿付。其他应付款是公司非购销业务本身引起的应付、暂收的款项。"应付利息"和"应付股利"在资产负债表中也被归在"其他应付款"项目下。

（4）应付职工薪酬是指公司为员工提供的各种形式的报酬。应付职工薪酬主要包括：①工资、奖金、津贴和补贴，职工福利费，社会保险费，工会经费，职工教育经费，短期带薪缺勤，短期利润分享计划和非货币性福利；②离职后福利；③辞退福利；④其他长期福利等。据华为2021年年报，到2021年底，华为共计约有19.5万名员工，业务遍及全球 170 多个国家和地区。华为 2021 年发放工资、薪金及其他福利方面的费用达 1 371 亿元。简单计算一下，华为员工人均年薪为 70.31 万元，月薪平均为 5.86 万元。

（5）应交税费是指公司按照税法规定，应当支付而尚未支付的各种税金，包括增值税、消费税、企业所得税、城市维护建设税、教育费附加、土地增值税、房产税、城镇土地使用税、资源税、车船税、印花税、耕地占用税等。2021 年，我国纳税最多的公司是中国烟草总公司，全年纳税额高达 1.2 万亿元，几乎相当于中国民营企业 500 强纳税总额。究其原因，我国对烟草征收高额的消费税和烟叶税，再加上增值税，三个税种合计起来纳税额惊人，对政府财政收入影响很大。

2. 非流动负债

（1）长期借款是指公司借入的偿还期限在一年以上的各种借款。长期借款主要是为了满足公司建造厂房、新建生产线和购买大型设备等固定资产投资的需要。

（2）应付债券是公司发行的一年期以上的公司债券。上市公司公开发行公司债券，需要满足证券监管部门规定的条件。

（3）长期应付款是指付款期在一年以上的应付款项。例如，分期付款购入固定资产，就会形成"长期应付款"。

（三）所有者权益的构成

所有者权益也被称为"股东权益""净资产"，体现了股东在公司中享有的权利。所有者权益＝资产－负债。所有者权益主要包括：实收资本（股本）、资本公积、其他综合收益、盈余公积和未分配利润等项目。所有者权益主要构成项目如图 2-3 所示。

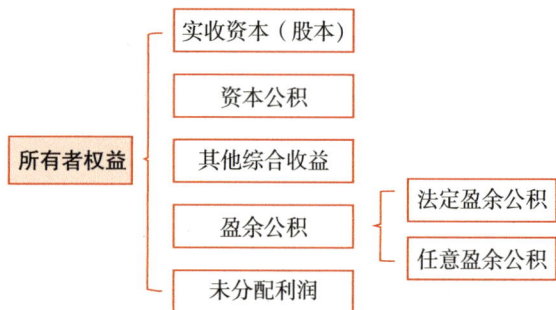

图 2-3　所有者权益主要构成项目

1. 实收资本（股本）

实收资本不同于注册资本：注册资本是办理工商登记时公司股东认缴的资本，股东可以在一定时间内陆续出资；实收资本是公司实际到账的股东出资。股份有限公司的实收资本被称为股本。在股份有限公司首次公开募股（IPO）或者增发股票时，股本＝发行股票数量 × 每股面值。除个别公司以外，我国上市公司股票面值基本上为 1元。实收资本（股本）体现了公司的资金实力，是公司经营最基础的保障。

2. 资本公积

资本公积包括两个部分：一个是股本（资本）溢价；另一个是其他资本公积。

股本（资本）溢价是资本公积的主要组成部分，包括投资者溢价投入的部分、同一控制下的企业合并中长期股权投资成本与支付对价账面价值的差额等。2021 年 4 月29 日，力源科技（688565）上市申购，申购价格为 9.39元 / 股，股本为 1 元 / 股，那么资本公积为 8.39（9.39–1）元 / 股（不考虑发行费用）。

其他资本公积是除股本（资本）溢价以外的交易或事项形成的资本公积，主要来自"以权益结算的股份支付"，以及权益法下被投资单位除净损益、其他综合收益以及利润分配以外的因素导致的所有者权益变动。

3.其他综合收益

在了解"其他综合收益"之前，要先说说利得或损失的概念。利得或损失是公司非日常活动产生的盈亏。在会计核算上，利得或损失有两种处理方法：直接计入营业外收支，影响当期利润；直接计入所有者权益，不影响当期利润。

"其他综合收益"是暂时计入所有者权益的利得或损失。为什么说是"暂时"呢？因为它最终的去向有二：一是转入处置当期的利润，二是不结转。因此，它又被分为两类：一类是"以后会计期间不能重分类进损益的其他综合收益"；另一类是"以后会计期间可以重分类进损益的其他综合收益"。

以后会计期间不能重分类进损益的其他综合收益包括：①重新计量设定受益计划导致的净负债或净资产的变动；②"其他权益工具投资"的公允价值变动；③企业自身信用风险变化导致的金融负债公允价值变动；④按照权益法核算的长期股权投资，投资企业在被投资企业以后会计期间不能重分类进损益的其他综合收益中所享有的份额。

以后会计期间可以重分类进损益的其他综合收益包括：①"其他债权投资"的公允价值变动；②存货或自用房地产转换为投资性房地产时公允价值大于账面价值的部分；③金融资产重分类计入其他综合收益的金额（如"债权投资"转为"其他债权投资"时原账面价值与重分类日公允价值的差额）；④现金流量套期工具产生的利得或损失中属于有效套期的部分；⑤外币财务报表折算差额；⑥按照权益法核算的长期股权投资，投资企业在被投资企业以后会计期间重分类进损益的其他综合收益中所享有的份额。

4. 盈余公积

公司每年从净利润中提取一定比例的资金作为额外储备，这部分资金叫作"盈余公积"。它类似于家庭教育储蓄。父母将每年家庭收入减去各项支出之后结余的资金，存一部分到银行，作为子女将来的教育经费。盈余公积包括两个部分：法定盈余公积和任意盈余公积。法定盈余公积的计提比例为净利润（补亏后）的10%，达到注册资本的50%后可不再提取；任意盈余公积由公司自行决定提取比例。

5. 未分配利润

公司净利润提取盈余公积之后，可向股东分红，分红之后累计留存在公司的利润，就是"未分配利润"。

上述项目中，实收资本（股本）和资本公积两项，来自股东的投入，被称为"股东出资"；盈余公积和未分配利润两项，来自公司留存的经营利润，被称为"留存收益"。留存收益越多，说明公司内部积累的资金越雄厚。一方面，留存收益能为公司未来的发展提供坚实的资金保障；另一方面，留存收益的资本成本较外部股权融资的资本成本低[①]，能够适度降低公司的平均资本成本。

格力电器（000651）2021年12月31日的合并资产负债表中，盈余公积为19.84亿元，未分配利润为1 034.75亿元，说明公司通过历年经营积累了充足的资金。这些资金可用于新品研发、技术改造、生产线扩建等。

[①] 内部留存资金至少省去了股权再融资时的律师费、审计费、承销费等发行费用。

第二节　好有味面包房的资产负债表

我们通过好有味面包房的故事，来看一下资产负债表是如何形成的。

王琳大学毕业后在一家电商公司从事网络营销工作。几年后，王琳有了一些积蓄，出于对烘焙的喜爱，决定和两个小伙伴一起开设一家面包房，名字叫"好有味"。经过几个月紧锣密鼓的筹备和学习、培训，面包房于2021年1月进入启动阶段。

面包房选址在一条热闹的商业街。店面由王琳的父母提供，不收取租金，但其父母每年享受净利润10%的分红。面包房初期投资为30万元，股东为3人，每人出资10万元。2021年1月10日，面包房银行账户收到30万元投资款，这30万元在财务上叫作"实收资本"。当月没有发生其他业务。2021年1月31日，面包房的第一张资产负债表（简表Ⅰ）形成，如表2-2所示。

表 2-2 好有味面包房资产负债表（简表Ⅰ）

单位：元

资产		负债和所有者权益	
银行存款	300 000	实收资本	300 000
资产总计	300 000	负债和所有者权益总计	300 000

2021 年 2 月 5 日，王琳购入面包房需要的烤箱、发酵箱、和面机、搅拌机、打蛋器、电子秤、冰柜、微波炉、收银机等设备和糕点展示柜，共计花费 5 万元。这些设备形成"固定资产"。

2021 年 2 月 18 日，王琳购入生产面包和糕点需要的面粉、奶油、鸡蛋、牛奶、白糖、奶酪、水果等原料，花费 5 000 元，这些原料在会计上作为"原材料"记账；购入生产所需要的面粉筛、硅胶刷、分蛋器、烤箱纸、蛋糕模具等耗材，共计 1 000 元，这些物料作为"低值易耗品"记账。这些原料和物料，合计花费银行存款 6 000 元，共同构成资产负债表上的"存货"项目。

2021 年 2 月 28 日，王琳编制面包房的资产负债表（简表Ⅱ，见表 2-3）。此时，面包房的固定资产增加 5 万元，存货增加 6 000 元，与此同时，银行存款减少 56 000 元，资产总计仍然为 30 万元。

表 2-3 好有味面包房资产负债表（简表Ⅱ）

单位：元

资产		负债和所有者权益	
银行存款	244 000	—	
固定资产	50 000	—	
存货	6 000	实收资本	300 000
资产总计	300 000	负债和所有者权益总计	300 000

第三节 上市公司合并资产负债表实例

为了方便读者了解上市公司资产负债表的全貌，我们从万科 A（000002）年报中摘取万科 A 2021 年合并资产负债表，如表 2-4 所示。

表 2-4 万科 A 2021 年合并资产负债表

编制单位：万科企业股份有限公司 2021 年 12 月 31 日 单位：元 币种：人民币

资产	附注五	2021 年 12 月 31 日	2020 年 12 月 31 日
流动资产：			
货币资金	1	149 352 444 288.76	195 230 723 369.88
交易性金融资产	2	20 587 130.20	170 479 737.23
衍生金融资产	3	—	14 760 989.89

（续表）

资产	附注五	2021 年 12 月 31 日	2020 年 12 月 31 日
应收票据		27 681 787.89	9 662 433.79
应收账款	4	4 743 597 023.95	2 992 423 302.26
预付款项	5	67 230 335 116.78	62 247 503 823.48
其他应收款	6	266 061 120 373.24	249 498 545 525.50
存货	7	1 075 617 036 637.22	1 002 063 008 153.13
合同资产	8	10 390 001 562.44	6 162 549 680.11
持有待售资产	9	892 422 536.24	6 334 727 583.46
其他流动资产	10	25 933 080 835.18	22 662 676 635.96
流动资产合计		1 600 268 307 291.90	1 547 387 061 234.69
非流动资产：			
其他权益工具投资	11	1 833 454 848.71	1 601 237 167.11
其他非流动金融资产	12	1 041 138 826.07	697 759 464.58
长期股权投资	13	144 449 331 715.57	141 895 190 255.76
投资性房地产	14	85 953 409 655.10	79 954 139 029.20
固定资产	15	12 821 059 774.78	12 577 342 742.17
在建工程	16	3 398 129 417.86	3 236 850 338.38
使用权资产	17	24 242 100 680.02	25 210 119 233.05
无形资产	18	10 445 168 074.14	6 087 781 315.58
商誉	19	3 822 322 807.59	206 342 883.92
长期待摊费用	20	9 012 992 116.04	8 947 760 570.31
递延所得税资产	21	33 517 919 664.26	27 535 430 502.86
其他非流动资产	22	7 832 793 827.04	13 840 079 267.94
非流动资产合计		338 369 821 407.18	321 790 032 770.86
资产总计		1 938 638 128 699.08	1 869 177 094 005.55

（续表）

负债及股东权益	附注五	2021 年 12 月 31 日	2020 年 12 月 31 日
流动负债：			
短期借款	23	14 412 503 249.23	25 111 536 842.11
交易性金融负债	19	191 792 000.00	—
衍生金融负债	3	721 410 940.20	336 153 690.52
应付票据	24	125 436 070.74	607 112 827.28
应付账款	25	330 411 135 278.79	295 684 502 351.66
预收款项		1 364 286 327.30	912 230 827.79
合同负债	26	636 858 514 051.90	630 747 210 801.94
应付职工薪酬	27	6 377 975 332.94	7 850 940 564.17
应交税费	28	25 191 250 342.32	29 036 523 037.88
其他应付款	29	192 066 169 218.48	212 758 353 478.50
一年内到期的非流动负债	30	47 931 931 675.46	60 461 863 986.86
其他流动负债	31	55 794 062 851.37	53 986 260 461.07
流动负债合计		1 311 446 467 338.73	1 317 492 688 869.78
非流动负债：			
长期借款	32	154 322 278 963.64	132 036 783 089.92
应付债券	33	53 020 571 732.91	43 576 223 200.25
租赁负债	17	24 309 642 098.47	24 589 945 695.98
预计负债	34	275 163 330.47	215 331 457.12
其他非流动负债	35	1 201 342 251.72	1 190 177 426.90
递延所得税负债	21	1 289 886 458.05	231 470 922.38
非流动负债合计		234 418 884 835.26	201 839 931 792.55
负债合计		1 545 865 352 173.99	1 519 332 620 662.33
股东权益：			

（续表）

负债及股东权益	附注五	2021 年 12 月 31 日	2020 年 12 月 31 日
股本	36	11 625 383 375.00	11 617 732 201.00
资本公积	37	20 583 813 574.25	18 554 497 034.24
其他综合收益	38	(141 027 403.52)	(1 544 373 020.86)
盈余公积	39	111 186 520 565.83	97 466 324 513.51
未分配利润	40	92 698 444 100.85	98 416 772 021.20
归属于母公司股东权益合计		235 953 134 212.41	224 510 952 749.09
少数股东权益		156 819 642 312.68	125 333 520 594.13
股东权益合计		392 772 776 525.09	349 844 473 343.22
负债和股东权益总计		1 938 638 128 699.08	1 869 177 094 005.55

与单个公司的资产负债表不同，合并资产负债表是反映母公司及其全部子公司形成的"企业集团"整体财务状况的报表。这个"企业集团"，并非真实存在的集团，而是虚拟的集团。如果子公司并非母公司全资持股（非100%持股），那么在合并资产负债表中，股东权益会包括两个部分：一是"归属于母公司股东权益"，其金额等于"股本+资本公积+其他综合收益+盈余公积+未分配利润"；二是"少数股东权益"。两者的合计数，等于"股东权益"合计数。

合并资产负债表由母公司负责编制。在公司年报中，母公司资产负债表放在合并资产负债表之后。在进行财务分析时，要注意分析的对象是母公司还是整个"企业集团"。如果没有特殊说明，按照惯例，分析时一般使用的是合并财务报表中的数据。

03

第三章

资产的庐山真面目

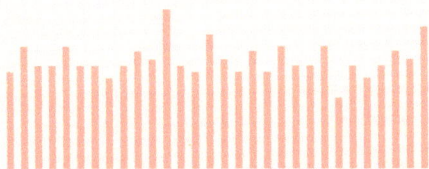

金钱不是真正的资产，我们唯一的、最重要的资产，就是我们的头脑。

在资产负债表中，根据资产能否在一年（或超过一年的一个营业周期）内耗用或者变现，将资产分为流动资产和非流动资产。流动资产主要包括货币资金、交易性金融资产、应收款项（含应收票据、应收账款、应收款项融资、其他应收款）、存货等项目，非流动资产主要包括债权投资、长期股权投资、固定资产（含在建工程）、无形资产（含开发支出）、商誉、长期待摊费用等项目。

我们把分析的重点，放在公司普遍持有的生产经营性资产上，对于投资性资产，主要分析交易性金融资产、债权投资、长期股权投资三项。

第一节 公司重要流动资产分析

一、货币资金的规模多大是合适的

货币资金是公司流动性最强的资产，排在资产负债表中资产的首位。货币资金包括库存现金、银行存款和其他货币资金。货币资金中有一些是权利受限的资金，如信用证保证金、履约保证金等各类保证金，用于抵押、质押和担保的存款，被冻结的存款，不能随时支取的定期存款，汇回受到限制的境外存款，等等。分析师可以通过公司年报中"合并财务报表项目注释"部分详细了解货币资金的构成。图 3-1 是宁德时代（300750）2021 年 12 月 31 日货币资金的具体情况。2021 年末，公司共有货币资金约890.72 亿元，其中使用受限的款项共计约 135.66 亿元。

七.合并财务报表项目注释

1.货币资金

单位：万元

项目	期末余额	期初余额
库存现金	47.07	29.06
银行存款	7 639 325.33	6 367 797.01
其他货币资金	1 267 816.57	474 585.53
合计	8 907 188.97	6 842 411.61

其中：存放在境外的款项总额	297 585.76	71 749.62
因抵押、质押或冻结等对使用有限制的款项总额	1 356 615.45	499 213.01

说明：
期末货币资金中，不作为现金流量表中的现金及现金等价物主要包括：保证金 1 237 048.82 万元，银行借款的质押存单 51 040.47 万元，定期存款 35 500.39 万元，按实际利率法计提的利息 33 025.77 万元。期末除上述资金外，不存在质押或冻结，或存放在境外且资金汇回受到限制的款项。

图 3-1 宁德时代 2021 年末货币资金构成

资料来源：宁德时代 2021 年年报。下同。

资金对公司来说是非常重要的资产。公司必须保有一定数额的货币资金，以满足日常生产经营、投资和偿还债务的需要。过多的货币资金持有量会降低公司资产收益率、产生较高的管理成本和机会成本。但有时公司持有大量资金是迫不得已的，因为缺乏合适的投资机会；有些公司为了安全度过经济寒冬，会提前储备资金以应对不时之需。过少的货币资金持有量，可能会导致资金周转不灵，存在资金链断裂的风险。

公司持有的货币资金规模受以下因素影响。

（1）资产规模：一般来说，企业资产规模越大，业务量越多，需要的货币资金持有量越多。

（2）行业特点：房地产等资金密集型行业，需要的资金量较多。

（3）筹资能力：与银行关系良好、筹资能力强的企业，持有的资金量可以略少。

（4）近期债务偿还需要：近期内要大量偿还银行借款或所欠货款的企业，需要的资金量较多。

（5）融资环境：政府货币政策比较宽松时，可减少货币资金持有量；否则，应加大持有量。

公司可以通过编制现金预算、对资金流进行实时监控等手段，有效管理货币资金。

货币资金是审计重点关注的领域之一。我们应注意与货币资金项目有关的异常状况。正常情况下，实现收入，后期银行应当有回款记录，但有些公司却谎称都是现金销售，收回的现金又已经用于其他方面。出现这种情况，可怀疑该公司可能虚增收入。有些公司财务报表中存在"存贷双高"的现象：一方面账目上有大量的资金，另一方面又存在高额的债务。ST 康美（600518）就曾因此饱受质疑：2018 年中报里，该公司货币资金余额为 399 亿元，同时有息负债高达 347 亿元。有些公司财务造假之后，巨额利润对应的货币资金"不翼而飞"。康得新（002450，已退市）2018 年末货币资金为 153.16 亿元，但 2019 年 1 月 15 日突然发布公告称，10 亿元短期融资券无法按期足额偿付。仅仅过了几天，第 2 期 5 亿元短期融资券也发生违约。实际上，公司账面的 100 多亿元资金根本不存在。有的公司通过临时借调资金，或采取"资金先以借款的名义转出，再以销售的名义转回"的手法，以逃避年审时审计师针对货币资金余额实施的审计。这些行径迟早都会露出马脚。

二、交易性金融资产——公司的短期投资

2019 年 1 月 1 日起，国内上市公司施行新金融工具准则。新金融工具准则将金融资产分为三大类：

（1）以公允价值计量且其变动计入当期损益（公允价值变动损益）的金融资产；

（2）以公允价值计量且其变动计入其他综合收益的金融资产；

（3）以摊余成本计量的金融资产。

这三大类金融资产具体涵盖的主要项目如图 3-2 所示。

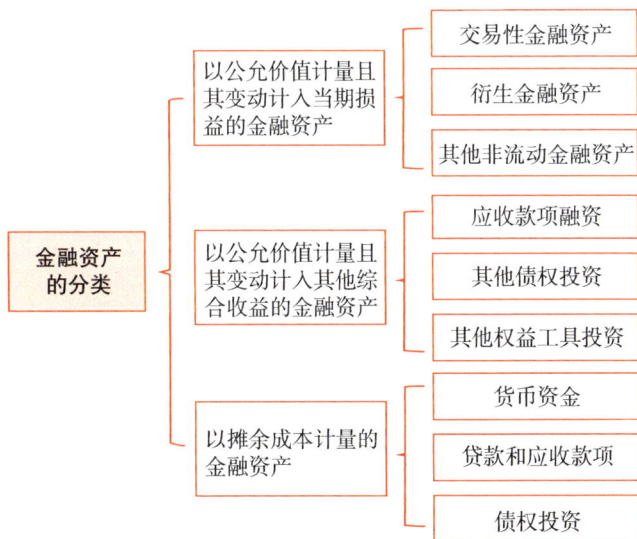

图 3-2　金融资产的分类

交易性金融资产是指公司为了短期投资理财而购买的金融资产。交易性金融资产包括公司以赚取差价为目的，从二级市场购入的股票、债券、基金等短期投资；公司的结构性存款、银行理财产品；等等。期货、期权、远期合同等衍生金融工具，在资产负债表"衍生金融资产"项目中反映。图 3-3 为宁德时代 2021 年 12 月 31 日持有的交易性金融资产的情况。

2.交易性金融资产

单位：万元

项目	期末余额	期初余额
银行理财产品及结构性存款	136 397.29	328 807.15

图 3-3　宁德时代 2021 年末交易性金融资产

交易性金融资产的特点：一是公司持有的目的是短期获利；二是一般具有活跃的交易市场；三是以公允价值进行计量。由于已经采用公允价值计量，交易性金融资产无须进行减值测试。

交易性金融资产持有期间的公允价值变动，一方面会影响"交易性金融资产"的账面价值，另一方面会影响"公允价值变动损益"。由于公允价值变动损益并未"落袋为安"，只是账面财富，故只有在交易性金融资产被公司卖出时，才最终确认为投资收益。

例如，甲公司以每股 100 元的价格购入乙公司的股票，发生交易费用 1 元，则"交易性金融资产"的账面价值为 100 元，1 元的交易费用直接计入当期损益（冲减"投资收益"）；年末，乙公司的股价上涨为 110 元，则甲公司增加"交易性金融资产"的账面价值 10 元，同时增加"公允价值变动损益" 10 元；如果甲公司持有股票期间，乙公司分红，甲公司获得 2 元，则计入投资收益；后续，甲公司卖出乙公司的股票，卖出价格为 120 元，则 10 元（出售价格 120 元 – 交易性金融资产账面价值 110 元）的出售利润，直接计入投资收益，之前的 10 元"公允价值变动损益"，此时再转入投资收益。故：整个投资过程，甲公司的投资收益 =–1+2+（120–100）=21（元）。也就是说，已售交易性金融资产的投资收益 = 持有期间的利息或分红 + 出售价差 – 手续费、佣金等交易费用。其中，出售价差 = 最终的售价 – 最初的投资成本。

图 3-4 中第 54 项"投资收益"显示：宁德时代 2021 年理财产品及结构性存款持有期间的收益为 6 092.63 万元。

我们根据银行理财产品及结构性存款期初和期末的余额（见图 3-3），可以大致估算出其持有期间的收益率。

理财产品及结构性存款的平均持有量 =（13.64+32.88）÷2=23.26（亿元）

持有期间的收益率 =0.61÷23.26×100%=2.62%

54.投资收益

单位：万元

项目	本期发生额	上期发生额
权益法核算的长期股权投资收益	57 583.69	−402.73
处置长期股权投资产生的投资收益	1 539.09	250.92
交易性金融资产在持有期间的投资收益	6 092.63	16 363.91
其他权益工具投资在持有期间取得的股利收入	72.10	1 060.87
以摊余成本计量的金融资产终止确认收益	−32 833.18	−9 145.61
套期无效部分	−1 132.87	11 432.25
交易性金融负债终止确认收益		−31 324.47
部分股权投资不具备重大影响后，按公允价值重新计量产生的利得	91 948.44	
合计	123 269.90	−11 764.86

55.公允价值变动收益

单位：万元

产生公允价值变动收益的来源	本期发生额	上期发生额
交易性金融负债		28 691.59

图 3-4　宁德时代 2021 年交易性金融资产持有期间的投资收益

三、关注应收账款背后的故事

应收账款是流动资产中的重要组成部分。首先，我们应关注期末应收账款占资产总额的比重。应收账款占比过高，不是一个好现象，说明赊销普遍、回款缓慢，也存在销售收入造假的可能性。其次，需要重点分析应收账款回收速度，通常使用应收账款周转率或应收账款周转天数进行反映。再次，可以通过分析账龄和坏账准备计提比例判断应收账款的质量。最后，可适当关注大客户欠款和关联方欠款情况。

（一）关注应收账款占比

公司应收账款的形成，与行业特点、商业模式、公司竞争力等息息相关。如果公司客户或消费者基本为个人，则应收账款占比会很低，因为"银货两讫，恕不赊账"，如商业零售企业、餐饮企业、食品生产企业等；对于以开发住宅为主的房地产公司来说，应收账款占比不会太高，预收账款反而较多，因为销售普遍采用预售模式。公司在行业上下游的竞争力如何，也会影响应收账款的金额，像贵州茅台、格力电器这样的品牌企业，在商业谈判中占据强势地位，一方面想尽量多地占用原料供应商的资金，另一方面不希望客户或渠道过多占用自己的资金，这样在财务上就会形成"应收账款少、应付账款多""预付账款少、预收账款多"的局面。

我们以苏宁易购（002024，现为"ST易购"，本书中仍用旧称）为例，分析其应收账款的变化。苏宁易购2016—2021年应收账款占比如表3-1所示。

表3-1　苏宁易购2016—2021年应收账款占比

金额单位：亿元

项目	2016 年	2017 年	2018 年	2019 年	2020 年	2021 年
应收账款	11.04	23.89	54.15	71.94	76.96	54.67
流动资产	823.84	878.30	1 317.43	1 207.61	1 074.84	752.79
应收账款占比	1.34%	2.72%	4.11%	5.96%	7.16%	7.26%

资料来源：苏宁易购2016—2021年年报。应收账款所占比例以元为单位计算。

从表3-1可以很直观地看出，苏宁易购2016—2020年应收账款总额、应收账款占流动资产的比重均在逐步攀升，这对于公司来说，不是一个好现象。2021年，应收账款总额下降，但由于流动资产总额也有较大回落，应收账款占比仍旧上升。

（二）计算应收账款回收速度

应收账款周转率和应收账款周转天数的计算方法如下。

应收账款周转率（次）＝赊销净额 ÷ 应收账款平均余额

应收账款周转天数＝计算期天数 ÷ 应收账款周转率

计算应收账款周转率时，由于财务报告中很少披露赊销和现销的金额分别是多少，一般采用利润表中的营业收入来计算，也可以将现销视为"账期为0天"的应收账款。应收账款平均余额一般按期初应收账款余额加期末应收账款余额除以2计算。为了简化计算，往往直接使用资产负债表中列示的应收账款净额（已扣除坏账准备）。我们可以分季度、半年、年度计算不同时间段的指标并进行分析。全年的应收账款周转天数，一般用360天而不是365天进行计算。

应收账款周转率表示一定期间内应收账款周转的次数，应收账款周转天数表示平均周转一次所需要的天数。应收账款周转率越高，则应收账款周转天数越少。用这两项指标做连续几年的趋势分析或跟同行业公司进行横向比较，能够发挥更大的作用。

苏宁易购2016—2021年应收账款周转情况如表3-2所示。我们可以清楚地看到，这6年中苏宁易购的应收账款周转速度在明显下降，周转天数相应增加。

表 3-2 苏宁易购 2016—2021 年应收账款周转情况

金额单位：亿元

项目	2016 年	2017 年	2018 年	2019 年	2020 年	2021 年
营业收入	1 485.85	1 879.28	2 449.57	2 692.29	2 522.96	1 389.04
应收账款	11.04	23.89	54.15	71.94	76.96	54.67
应收账款周转率（次）	164.26	107.61	62.77	42.70	33.89	21.11
应收账款周转天数（天）	2.19	3.35	5.74	8.43	10.62	17.05

资料来源：苏宁易购 2016—2021 年年报。应收账款周转率和周转天数以元为单位计算。计算 2016 年应收账款周转率使用了 2015 年末应收账款数据。

应收账款周转率下降的原因通常有：公司为了经营业绩不得不放松信用政策，导致应收账款增长幅度大于销售收入增长幅度；主要客户货款结算期拉长、资金周转紧张、有意拖延付款等原因导致公司回款速度变慢；公司对应收账款疏于管理、催收不力。

苏宁易购 2017—2021 年营业收入与应收账款增长率如表 3-3 所示。由表 3-3 可知：苏宁易购 2017—2020 年应收账款增长率大大超过营业收入增长率，2018 年应收账款增长率高出营业收入增长率 96.30 个百分点；2021 年营业收入下降 44.94%，应收账款却仅下降 28.97%。应收账款未能与营业收入同步增长或下降，是苏宁易购应收账款周转率下滑的直接原因，说明公司更加依赖赊销获取收入。

表 3-3　苏宁易购 2017—2021 年营业收入与应收账款增长率

项目	2017 年	2018 年	2019 年	2020 年	2021 年
营业收入增长率	26.48%	30.35%	9.91%	−6.29%	−44.94%
应收账款增长率	116.50%	126.65%	32.86%	6.98%	−28.97%
营业收入增长率−应收账款增长率	−90.02%	−96.30%	−22.95%	−13.27%	−15.97%

资料来源：苏宁易购 2017—2021 年年报。营业收入增长率和应收账款增长率以元为单位计算。

（三）分析应收账款的质量

1. 应收账款账龄与坏账准备的计提

应收账款账龄越长，回收的可能性越低，应收账款质量越差。根据我国《企业会计准则》的规定，公司应当在每年年末预计发生坏账的可能性，并计提坏账准备。通俗来讲，计提坏账准备是未雨绸缪，事先计提一项准备金，以备将来不时之需，类似于每年购买保险。计提的坏账准备，一方面计入信用减值损失，导致公司当期利润减少；另一方面会增加坏账准备余额，导致公司资产减少。在资产负债表中，应收账款项目列示的是扣除坏账准备之后的应收账款净额。

坏账准备就像不良少年，越是经营业绩不佳的公司，越不愿意大额计提坏账准备，因为计提坏账准备会使财务报表雪上加霜；经营业绩良好的公司，如果提取充足的坏账准备，则会使财务绩效更纯粹、含金量更高。有些公司预计本年度业绩不佳，干脆狠狠地提一笔坏账准备，到来年再少提、不提坏账准备或冲减已计提的坏账准备，使下一年度的业绩"更好看"，这是不合法的做法。

根据财政部出台的相关准则，企业应采用预期信用损失法计量金融资产的信用减值损失。即：坏账准备的计提，应以未来可能的违约事件造成的损失的期望值来计量。因此，坏账准备需要估计，而估计本身就是主观判断。公司一般会根据坏账历史经验、应收账款账龄、当前经济环境、客户实际支付能力等因素综合确定坏账准备计提比例。但具体计提多少是合理的，无法统一量化，实务中仍存在可操作的空间。我们应重点关注坏账准备的计提是否充分：过低的坏账准备计提比例，预示着公司存在低估坏账风险、高估资产和利润的可能。

2.苏宁易购应收账款质量分析

查看苏宁易购 2019—2021 年年报"合并财务报表项目附注",我们可以了解应收账款的账龄、坏账准备计提的具体情况。

（1）苏宁易购应收账款账龄分析

苏宁易购 2019—2021 年应收账款账龄分析如表3-4所示。

表 3-4　苏宁易购 2019—2021 年应收账款账龄分析

金额单位：亿元

应收账款账龄	2021-12-31		2020-12-31		2019-12-31	
	金额	比重	金额	比重	金额	比重
1 年以内	59.39	71.79%	76.00	90.80%	71.39	94.23%
1～2 年	16.60	20.07%	5.56	6.64%	2.43	3.21%
2～3 年	4.89	5.91%	1.11	1.33%	1.39	1.83%
3～4 年	0.96	1.16%	0.63	0.75%	0.39	0.51%
4～5 年	0.58	0.70%	0.27	0.32%	0.09	0.12%
5 年以上	0.31	0.37%	0.13	0.16%	0.07	0.09%
应收账款余额	82.73	100.00%	83.70	100.00%	75.76	100.00%

资料来源：苏宁易购年报。2021 年末应收账款余额为 82.74 亿元,因四舍五入有尾差。

苏宁易购 2021 年 12 月 31 日应收账款余额为 82.73 亿元,1 年以内账龄的应收账款所占比重从 2019 年底的 94.23% 下降至 71.79%;1～2 年账龄的应收账款占比则从

2019 年底的 3.21% 上升至 20.07%。这说明：相比 2019 年，
2021 年应收账款回收期有所延长，应收账款质量有所下
降。这从一个侧面反映经济下行时期，公司不得不给予客
户更长的信用期，或者收账难度较之前有所增加。

（2）苏宁易购坏账准备计提比例分析

苏宁易购 2019—2021 年坏账准备计提情况如表 3-5 所
示。2020 年坏账准备计提比例高出 2019 年 3 个百分点，
而 2021 年坏账准备计提比例大幅升至 33.93%。

表 3-5　苏宁易购 2019—2021 年坏账准备计提情况

金额单位：亿元

项目	2021 年	2020 年	2019 年
应收账款余额	82.74	83.70	75.76
坏账准备	28.07	6.73	3.82
应收账款净额（报表数）	54.67	76.97	71.94
坏账准备计提比例（坏账准备 ÷ 应收账款余额 ×100%）	33.93%	8.04%	5.04%

注：应收账款净额 = 应收账款余额 - 坏账准备。

那么，这个比例是不是正常的呢？我们可以做一个
同行业对比进行辅助判断。选取同为互联网电商的京东
商城作为比较对象。京东商城 2021 年应收账款余额为
129.34 亿元，坏账准备为 10.34 亿元，应收账款净额（报

表数）为 119 亿元，坏账准备计提比例 =10.34 ÷ 129.34 ×
100%=7.99%。从同业公司的情况来看，苏宁易购 2021 年
坏账准备计提比例较高，说明应收账款质量不高，有超
1/3 的应收账款预计无法收回。

（四）关注大客户欠款和关联方欠款情况

除以上三项外，大家还应适当关注主要债务人所属行
业、所有权性质、信用等级、近期财务状况等，了解有无
大额应收账款预期无法收回的情况。目前，上市公司财务
报表附注中会披露"余额前五名的应收账款总额和占比"，
但基于商业秘密等因素的考虑，报表附注一般不会说明余
额前五名的应收账款具体对应哪些公司，因而分析时会受
到信息限制。查阅苏宁易购 2021 年合并财务报表项目附
注可知，应收账款余额前五名的应收账款总额为 11.52 亿
元，占应收账款总额的 13.80%。这表明，苏宁易购应重视
大客户的资信情况。

关联方关系及其交易是会计准则明确要求上市公司在
财务报表附注中披露的内容。关联方对应的应收账款占比
过高，则公司存在通过关联方虚增销售收入和应收账款
的可能。2021 年，苏宁易购应收关联方款项为 35.21 亿

元，占应收账款总额的 42.55%。作为对比，2020 年，苏宁易购应收关联方款项为 14.28 亿元，占应收账款总额的 17.06%；2019 年，应收关联方款项为 10.68 亿元，占应收账款总额的 14.10%。可以看出，2021 年苏宁易购的关联方欠款，从金额到占比都大幅增加。这对于任何一家公司来说，都绝非好事。

通过查询合并财务报表附注可知，欠款的关联方主要是星图金服及其子公司、苏宁小店及其子公司。其中，苏宁小店及其子公司欠款为 12.02 亿元。在回复深交所关注函时，苏宁易购表示：苏宁小店 2021 年门店数量从 500 多家减少到 100 多家，经营困难，从 2021 年 9 月之后，公司已停止给苏宁小店供货，考虑到信用风险显著增加、已发生信用减值且没有任何抵 / 质押物以及担保，遂全额计提了对于苏宁小店应收账款的信用减值损失，但仍将全力推进应收账款的回收。

四、容易"藏污纳垢"的其他应收款

（一）其他应收款的构成

其他应收款与应收账款不同，属于非销售业务形成的债权，包括应收的各种赔款、罚款，应收出租包装物的租金，应向员工收取的垫付款项，存出保证金（押金等），其他各种应收、暂付款项，备用金，等等。从 2019 年开始，"应收利息"和"应收股利"科目的余额也在资产负债表"其他应收款"项目列示。

（二）其他应收款的常见问题

其他应收款包含项目较多，容易"藏污纳垢"，成为财务舞弊的重灾区，极易引发个人所得税和企业所得税方面的税务风险。利用其他应收款舞弊的常用手法如下。

（1）利用其他应收款隐藏费用。在盈利水平不佳的年度，公司往往会通过"其他应收款"科目直接列支费用，使公司的费用虚减。

（2）利用其他应收款转移资金。公司不正常的重大现金流出，多通过"其他应收款"科目做账，如大股东挪用上市公司款项、企业高管卷款潜逃、企业负责人私用公司款项等。

（3）利用其他应收款开设小金库。公司通过"其他应收款"科目源源不断地将零星款项转到账外，为小金库"输血"。例如，名义上是借给员工的差旅费，挂在员工个人的名下，实际上是将公司的款项转至账外。

（4）利用其他应收款核算对外投资，或替他人垫资，形成无法收回的坏账。

实务中，上市公司大股东通过其他应收款挪用和长期侵占上市公司资金的现象屡见不鲜。乐视网（已退市）就是一个典型的案例。乐视网大股东通过复杂的关联方交易和违规担保，一度拖欠乐视网约 67 亿元资金，严重影响了上市公司的正常运营。2019 年 2 月 13 日晚，乐视网发布一则公告："截至目前，上市公司合并范围对大股东及其关联方应收款项约 28.4 亿元，但债务问题处理陷入停滞状态。公司现任董事会、管理层要继续面对诸多历史问题无法得到解决的情形，同时面临因现金流极度紧张引发大量债务违约，进而被动应对诸多诉讼和无法短期内执行的判决，上述问题直接关系到公司未来净资产情况及生存和发展。"2020 年 7 月 21 日，乐视网终止上市，股价最终报收 0.18 元，总市值从高峰时的 1 700 亿元降至 7.18 亿元。如何有效监管大股东违规占用资金、切实保护中小投资者的利益，成为摆在证券市场监管者面前的一道亟待解决的难题。

（三）其他应收款的分析方法与实例

为了避免落入投资陷阱，我们该如何分析其他应收款呢？其他应收款与主营业务产生的债权（如应收票据及应收账款）相比，通常数额不应过大，占资产的比重不应过高（房地产等少数行业除外）。如果其数额和占比过高，同时公司账面资金又很少，很可能表明公司存在财务黑洞。我们要借助财务报表附注仔细分析其他应收款具体构成和发生时间，特别是金额较大、时间较长、来自关联方的其他应收款。

下面以苏宁易购为例分析其他应收款。苏宁易购2019—2021年其他应收款占比如表3-6所示。2019—2021年，苏宁易购其他应收款占资产总额的比重均在1%以下。

表3-6　苏宁易购2019—2021年其他应收款占比

金额单位：亿元

年份	其他应收款	资产总额	占资产比重
2021	14.46	1 707.38	0.85%
2020	12.42	2 120.75	0.59%
2019	16.02	2 368.55	0.68%

注：数据来自苏宁易购年报。其他应收款报表数已扣除对应的坏账准备。

我们可以进一步了解其他应收款的构成和来自关联方的其他应收款有多少。

苏宁易购2021年年报列示了其他应收款的具体项目，除应收股利外，还包括应收股权转让款、加盟商往来款、押金及保证金、应收房产处置款和员工借款等（见图3-5）。2021年，其他应收款总额约为20.90亿元，扣除坏账准备后，净额约为14.46亿元。

四　　合并财务报表项目附注（续）		
（6）　其他应收款		
	2021年12月31日	2020年12月31日
应收股权转让款	676 090	101 784
应收股利	181 835	1 512
加盟商往来款	137 318	196 770
押金及保证金	123 810	206 653
应收房产处置款	110 000	—
员工借款	69 763	33 532
应收代垫水电费	49 081	54 524
应收信息服务费返还	8 274	402 428
有还款担保的第三方资金往来款	7 575	7 575
应收理财产品处置款	—	125 658
其他	725 841	319 569
	2 089 587	1 450 005
减：坏账准备	（643 127）	（208 142）
	1 446 460	1 241 863

图 3-5　苏宁易购 2021 年其他应收款

注：图中数据以千元为单位。

苏宁易购2021年年报说明了应收关联方的其他应收款，如图3-6所示。2021年来自关联方的其他应收款约为10.07亿元，占其他应收款总额的69.64%。相比2020年，来自关联方的其他应收款上升了 80.14%。

总体来看：苏宁易购 2019—2021 年的其他应收款为 15 亿元左右，近 3 年相对稳定；占资产总额的比重在 1% 以下；应收关联方的其他应收款占比较高，需要关注款项的收回情况。

应收关联方款项（续）：

		2021年12月31日	2020年12月31日
其他应收款	苏宁置业	677 815	629
其他应收款	苏宁置业集团旗下43家置业、建材公司及分支机构	87 980	6
其他应收款	苏宁控股集团旗下47家影城、影院公司及分支机构	36 903	4 274
其他应收款	苏宁控股集团旗下其余11家体育公司	29 613	3 323
其他应收款	深创投	19 715	113 784
其他应收款	北京京朝	13 307	8 689
其他应收款	阿里巴巴	10 429	404 366
其他应收款	其他关联方	131 032	23 566
		1 006 794	558 637

图 3-6　苏宁易购 2021 年应收关联方其他应收款

五、存货可能导致公司"虚胖"

资产负债表中的存货项目核算公司的原料、物料、在产品、产成品、库存商品、低值易耗品、包装材料等。对于制造业来说，存货是公司非常重要的资产，也是分析师需要重点关注的项目。

制造业公司为了确保生产和销售的连续和稳定，避免出现停产和缺货的问题，通常需要提前储备一定的库存。有些公司预判原料价格即将大幅上涨，会提前大量购入某种原料，例如，出版公司预计纸张价格将大幅上调，提前购入大批纸张，以降低未来的图书成本。但过高的库存不光占用公司的流动资金，还会增加管理成本、财务成本（如贬值、过期、毁损等）和机会成本，导致公司资产收益率降低，因而制造业普遍推崇"零库存管理"。日本丰田汽车公司堪称"零库存管理"的典范。它将汽车零部件的制造下派给几百个零部件供应商，并派员在供应商生产线上监督和检查产品质量，还花费大量时间培训物流系统，实现了零部件从供应商工厂直接到丰田组装厂房门口的零库存管理。

我们在分析存货项目时，可重点关注 3 个方面：

（1）存货占资产的比重，该比重除特殊情况（如刻意囤货）以外，通常越低越好；

（2）存货周转速度，要注意与同行业其他公司的比较；

（3）存货跌价准备的计提比例，计提比例越高，说明存货质量越差。

（一）存货占资产的比重

存货占资产的比重反映了公司库存规模的相对高低。经营业绩良好的制造业公司，往往存货占比很低。例如，格力电器（000651）2016—2021 年存货占资产总额的比重基本控制在 10% 以下，只有 2021 年超过这一比例（见表 3-7）。细心的读者会观察到，格力电器存货占比呈逐步上升态势，说明公司库存压力增大，这会影响存货周转速度。

表 3-7　格力电器 2016—2021 年存货占资产比重

金额单位：亿元

项目	2016 年	2017 年	2018 年	2019 年	2020 年	2021 年
存货	90.25	165.68	200.12	240.85	278.80	427.66
资产总额	1 823.74	2 149.88	2 512.34	2 829.72	2 792.18	3 195.98
存货占比	4.95%	7.71%	7.97%	8.51%	9.99%	13.38%

资料来源：格力电器 2016—2021 年年报。

（二）存货周转速度

库存管理的核心是提高存货周转速度。在一定时期内，存货周转速度越快，说明公司产品生产和销售速度越快，资金占用越少，累积的利润越多（如果不是亏本出售）。"薄利多销"就是这个道理。反映存货周转速度的两个常用指标是存货周转率和存货周转天数。存货周转率和存货周转天数的计算公式如下。

存货周转率（次数）= 销售成本 ÷ 存货平均余额

存货周转天数 =360 ÷ 存货周转率

我们来看格力电器 2016—2021 年的存货周转速度，如表 3-8 所示。

表 3-8　格力电器 2016—2021 年存货周转速度

项目	2016 年	2017 年	2018 年	2019 年	2020 年	2021 年
存货周转率（次）	7.88	7.78	7.56	6.51	4.78	4.03
存货周转天数（天）	45.69	46.27	47.62	55.30	75.31	89.33

资料来源：巨潮资讯网。

格力电器存货周转率呈现不断下滑的态势，2020 年下滑最为明显。相应地，存货周转天数则呈不断上升的态势。这与存货占比的分析结论互相佐证，均反映了经济形势对公司造成的不利影响较大。

需要注意的是，不同行业的存货周转率差异很大，这主要是由行业生产经营特点决定的。有些行业本身的生产周期就很长，如房地产公司从土地招标、项目开发到楼盘竣工、实现销售，可能需要 3 年左右的时间；有些行业经营周期很短，只有一两个月，如零售业。表 3-9 列出了房地产、白酒、服装、食品、零售行业几家上市公司 2017—2021 年的存货周转率，从中我们可以窥探行业经营周期对财务指标的影响。

表 3-9　2017—2021 年部分上市公司存货周转率

公司名称	所属行业	2017 年	2018 年	2019 年	2020 年	2021 年	5 年平均值
万科 A	房地产开发	0.30	0.28	0.28	0.31	0.34	0.30
贵州茅台	高端白酒	0.28	0.29	0.30	0.30	0.29	0.29
美邦服饰	纺织服装	1.54	1.73	1.53	1.37	1.29	1.49
海天味业	食品制造	8.00	8.13	7.19	6.75	7.09	7.43
重庆百货	零售	10.66	11.23	10.82	5.57	5.84	8.82

资料来源：巨潮资讯网。

万科 A 作为房地产行业的龙头企业，2017—2021 年平均存货周转率为 0.30 次，平均存货周转天数为 1 200 天，约 3.29 年。房地产行业的项目开发周期长、资金占用量大，一方面说明了提高开发效率、缩短开发周期的重要性，另一方面说明需要公司有强大的资金管理能力作为支撑。目前，我国房地产行业已告别暴利时代，做好项目管理，高质高效完成项目开发，是房地产公司在房地产领域脱颖而出的关键。

对于服装业来说，产品更新换代速度很快，如果公司设计、生产和销售能力跟不上，很容易形成大量库存积压。这些积压会带来产品的贬值。如果产品的预计售价（减去销售相关税费）低于账面成本，则财务上需要计提存货跌价准备，会导致当期资产减值损失增加、公司利润降低。从这个意义上来说，存货可能导致公司"虚胖"。"不走寻常路"的美邦服饰（002269）2021年通过关闭业绩不佳的门店、计提资产减值、出售公司股权等方式，抛售"回血"，补充公司流动资金。这一系列动作的背后，是一些国外服饰品牌凭借高周转的经营模式，对国内品牌形成了巨大冲击。

（三）存货跌价准备的计提比例

"资产减值"是财务会计上非常重要的一个理念，即当公司资产"名不副实"时，报表中应反映其现在的市场价值。简单来说，计提资产减值准备，表明公司资产目前市价已经低于账面成本，即资产已经发生贬值。这是对历史成本计量的一个修正，也是会计稳健的体现，能够提高会计信息对决策的有用性。

对于公司来说，发生资产减值是令人痛心的事情。虽然这是公司潜在的损失，并没有真正实现，但是，足以说明公司资产的未来并不美好。就存货而言，若期末存货可变现净值（估计售价－完工成本－销售税费）低于账面成本，则应当按两者的差额计提存货跌价准备。在此情况下，报表上存货项目反映的是其可变现净值。

格力电器 2016—2021 年存货跌价准备计提情况（见表 3-10）。可以看出：2016—2020 年格力电器存货跌价准备计提比例均在 2% 以下，2019 年曾低至 1.06%，但 2021 年存货跌价准备计提比例高达 4.77%，是 2020 年计提比例的 2.73 倍，说明 2021 年存货有较大幅度的贬值。

表 3-10　格力电器 2016—2021 年存货跌价准备计提情况

金额单位：亿元

项目	2016 年	2017 年	2018 年	2019 年	2020 年	2021 年
存货余额	92.05	167.82	202.93	243.42	283.77	449.07
存货跌价准备余额	1.80	2.14	2.81	2.58	4.97	21.41
存货跌价准备计提比例	1.96%	1.28%	1.38%	1.06%	1.75%	4.77%

资料来源：格力电器 2016—2021 年年报。存货报表数＝存货余额－存货跌价准备余额。

（四）存货项目综合分析——以阳光电源为例

我们以创业板上市公司阳光电源（300274）为例，说明分析存货占比、存货周转速度和存货跌价准备计提比例的重要性。

阳光电源注册地位于安徽省合肥市，是一家专注于太阳能、风能、储能、电动汽车等新能源电源设备的研发、生产、销售和服务的国家重点高新技术企业，其主要产品有光伏逆变器、风电变流器、储能系统、新能源汽车驱动系统、水面光伏系统、智慧能源运维服务等。阳光电源2011年上市，逐步发展为千亿元市值的光伏龙头企业。

然而，在内外部多重不利因素的影响下，2021年末公司存货同比大幅攀升，达到107.68亿元，占资产总额的25.14%。这一数据令人吃惊。阳光电源2019—2021年存货占比如表3-11所示。

表 3-11　阳光电源 2019—2021 年存货占比

金额单位：亿元

项目	2019 年	2020 年	2021 年
存货	33.39	38.73	107.68
资产总额	228.19	280.03	428.40
存货占比	14.63%	13.83%	25.14%

资料来源：阳光电源 2019—2021 年年报。

受巨额库存的拖累，阳光电源 2021 年存货周转率较 2020 年有较大幅度的下滑，如表 3-12 所示。

表 3-12　阳光电源 2019—2021 年存货周转率

项目	2019 年	2020 年	2021 年
存货周转率（次）	3.42	4.11	2.56

资料来源：巨潮资讯网。

再来看阳光电源 2019—2021 年存货跌价准备的计提情况（见表 3-13）。公司 2021 年末共计有 3.16 亿元存货跌价准备，存货跌价准备计提比例为 2.85%，相比 2019 年和 2020 年提高了不少。

表 3-13　阳光电源 2019—2021 年存货跌价准备计提情况

金额单位：亿元

项目	2019 年	2020 年	2021 年
存货余额	34.03	39.52	110.83
存货跌价准备余额	0.64	0.79	3.16
存货跌价准备计提比例	1.88%	2.00%	2.85%

资料来源：阳光电源 2019—2021 年年报。存货报表数 = 存货余额 - 存货跌价准备余额。

从以上分析可知：2021 年末阳光电源存货占资产比重很高，存货周转速度大幅下降，存货发生减值损失的金额较大。三者结合来看，公司资产质量不够理想。要深入分析造成此局面的原因，恐怕还得从经营上进行挖掘。该公司董事长在 2021 年业绩说明会上表示，公司对新冠疫情的影响估计不足、海外项目搁浅、内部管理不够精细等原因导致业绩低于预期，同时承认 2021 年公司步子迈得有点大。因此，我们需要密切关注以后年度新能源板块、光伏行业整体行情以及公司具体经营情况。

第二节　公司重要非流动资产分析

一、债权投资为何物

"债权投资"科目核算公司准备持有至到期并收取固定利息的债权类投资，包括各类国债、地方政府债券、金融债券和公司债券等。

债权投资是以摊余成本计量的金融资产。按《企业会计准则》的规定，金融资产同时符合以下条件的，应当分类为"以摊余成本计量的金融资产"：

（1）企业管理该金融资产的业务模式，是以收取合同现金流量为目标；

（2）该金融资产的合同条款规定，在特定日期产生的现金流量，仅为对本金和以未偿付本金金额为基础的利息的支付。

"以摊余成本计量"简单来说，就是以购买时的交易价格（公允价值）为基础，采用实际利率法，按摊余成本进行后续计量。对于债券来说，由于其票面利率可能会较高或较低，导致债券发行价格可能高于或低于债券的面值。发行价格高于面值的，叫作"溢价发行"；反之，叫作"折价发行"。溢价或折价以及交易费用的存在，导致债券实际的投资收益率（实际利率）并不等于票面利率。所以，用票面利率去估算债券实际的投资收益率，是不准确的。那么，实际的投资收益率（实际利率）如何确定呢？将债券未来的现金流入（收到的利息和面值）折算为当前债券的账面余额时，所使用的折现率就是实际的投资收益率（实际利率）。

我们在分析时，应主要关注债权投资的规模和占资产的比重。如果持有的规模过大、所占比重过大，说明公司主业缺少更好的投资机会和投资项目。查询格力电器和宁德时代 2021 年的年报可知，这两家公司 2021 年均未持有债权投资（年初和年末余额均为 0）。

二、长期股权投资：一荣俱荣、一损俱损

公司进行对外股权类投资，通常有两个目的：一是短期投资获利，二是经营战略需要。短期股权类投资由于持有期限较短，通常在一年内变现，在会计上被列入"流动资产"，一般作为"交易性金融资产"核算。长期股权类投资的动机包括扩大规模，实现规模效应或产能提升；控制行业上游供应商或者下游销售渠道；跨行业进入新的领域，寻找新的利润增长点或分散经营风险。这类投资具有金额大、期限长、风险高的特点，会计上将其记入"长期股权投资"。

如果一家公司持有另一家公司 50% 以上有表决权的股份，或通过投资协议、公司章程等能够决定被投资公司的重大生产经营决策，或在被投资公司董事会中拥有半数以上席位，则两者形成控制与被控制的关系，即形成母子公司。在此情况下，母公司需要将母、子公司的报表合并起

来，编制"合并财务报表"。如果子公司还有被控制的子公司，即"孙公司"，也应将其纳入合并财务报表。以此类推。总之，合并财务报表反映的是一个由母公司、子公司、孙公司等组成的"企业集团"整体的财务状况、经营成果和现金流量。"企业集团"关系如图 3-7 所示。

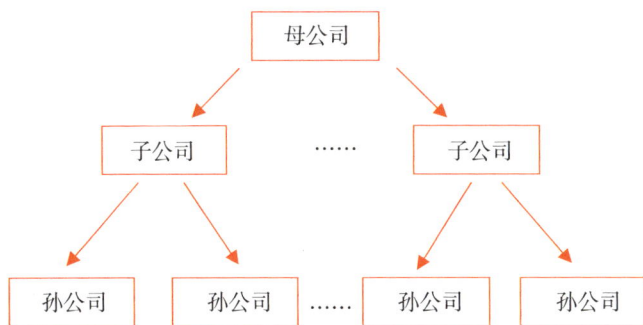

图 3-7 "企业集团"关系

合并财务报表的编制原理为：合并财务报表项目数＝各公司个别财务报表项目数之和－内部交易等抵销项目数。在编制合并财务报表时，由于子公司的资产、负债和所有者权益已经被加总，因此母公司的长期股权投资与子公司的所有者权益必须进行抵销，否则就会造成重复计算。抵销之后，合并财务报表中的"长期股权投资"反映的是整个"集团"对外部公司的投资。其中，对于联营（对被投资公司具有重大影响）和合营（与其他公司共同控制被投资公司）投资，在会计上要采用"权益法"核算。简单来讲，就是被投资公司的盈亏，要反映在投资公司的账面上，形成联动，"一荣俱荣、一损俱损"。在我国证券市场上，曾有上市公司自身经营亏损，依靠合营公司和联营公司的优良业绩"打翻身仗"的例子。

我们来看格力电器收购银隆新能源的真实案例。

2021 年 8 月 31 日，格力电器发布公告称，公司通过司法拍卖的形式，以 18.28 亿元的价格拍下银隆新能源股份有限公司（以下简称"银隆新能源"）30.47% 的股权。与此同时，董明珠女士将其持有的银隆新能源 17.46% 股权对应的表决权委托公司行使。自此，银隆新能源成为上市公司的控股子公司。早在 2016 年，格力电器就曾经谋划收购银隆新能源，但收购议案被股东大会否决。时隔 5 年，格力电器为何仍然坚持收购呢？原因在于公司要"立足家电行业，稳步拓展多元化新兴业务"，期望寻找新的营业收入和利润增长点。本次交易完成后，银隆新能源将被纳入格力电器合并财务报表范围。

银隆新能源 2020 年净利润为 −6.88 亿元，2021 年 1—

7月净利润为 -7.63 亿元。截至 2021 年 7 月 31 日，公司资产总额 281.49 亿元，负债总额 227.29 亿元，资产负债率高达 80.75%。银隆新能源的业绩表现，让不少业内人士担忧：格力电器并购银隆新能源后能否实现业务协同效应，其业绩是否会被新能源业务拖累？不过，格力电器在公告中指出，本次交易完成后，格力电器将充分借助银隆新能源的纳米级钛酸锂技术，并在现有锂电池产能的基础上，推动银隆新能源储能产品在格力电器储能相关的电器产品、新能源等板块的应用，全面加速现有多元化业务发展。

通过格力电器收购银隆新能源事件，我们可以看出，对于格力电器来说，其在空调领域已经难以继续高速增长，多元化经营是不得不走的一条路。但多元化经营是一把双刃剑。在相同或相近行业内进行业务拓展，延伸产品线，阻力较小，风险较低；如果行业跨度很大，则要充分认识并购带来的行业门槛、技术壁垒和管理难度，量力而行。

三、固定资产多是财大气粗的表现吗

"固定资产"最初指无法移动的资产，主要包括厂房、办公楼等不动产。如今，在财务上，固定资产的内涵已被扩展：只要使用期限超过一年、为了经营管理服务而持有的实物资产，均可划归固定资产。固定资产与原材料、库存商品等流动资产的区别在于，其持有目的是服务生产，而不是直接耗用或出售。固定资产具体包括厂房、办公楼等建筑物，各类机器、机械和设备，车辆、船舶、飞机等运输工具，各类仪器、仪表和工具，以及办公家具等。

（一）重资产经营的痛

过去，公司拥有大量的固定资产，是财大气粗的表现；但现在，各公司更崇尚轻资产经营。何谓重资产，何谓轻资产，并没有一个严格的定义。一般来说，拥有较多固定资产、在建工程（未来会转为固定资产）、使用权资产（4万元以上的长期租入资产，可视同固定资产）的公司，可视为重资产经营。重资产经营的公司，前期资金投入多，运营期间固定成本和费用比较高，一旦遭遇经济环境不景气、行业剧变等不利因素，业务量大幅萎缩，要维持运转和盈利，就会相对困难。轻资产经营的公司，主要靠品牌、技术、设计、研发、营销、服务、信誉等运营，比较受创业者和投资者青睐。

哪些行业属于重资产经营呢？比较典型的行业有：机场、高速公路等公用设施业，民航、船舶、铁路等运输业，钢铁、黄金等冶金行业，水电、火电等电力行业，酒店业。这些行业由于固定成本和费用较高，业务量必须达到一定规模，单位产品或服务分摊的固定成本才能降低，从而实现盈利。如果行业竞争激烈，产品或服务价格过低，行业内的公司就只能靠多生产进一步降低成本。然而，如果整个行业的公司都如此，则会导致行业产能过剩，产品或服务市价进一步下降。

表 3-14 列示了白云机场（600004）、南方航空（600029）、广深铁路（601333）、鞍钢股份（000898）和华能水电（600025）2021 年固定资产、在建工程和使用权资产（以下简称"三项资产"）占资产总额的比重，其中：华能水电三项资产合计占资产总额的比重为 90.48%，白云机场则达到了 80.46%，南方航空、广深铁路三项资产之和所占的比重均超过了 70%。

金额单位：亿元

表 3-14　五家重资产经营公司 2021 年三项资产占比

公司名称	资产总额	固定资产		在建工程		使用权资产		占比合计
		金额	占比	金额	占比	金额	占比	
白云机场	275.45	193.99	70.43%	6.89	2.50%	20.76	7.54%	80.46%
南方航空	3 229.48	908.17	28.12%	318.69	9.87%	1 327.25	41.10%	79.09%
广深铁路	374.03	240.08	64.19%	15.89	4.25%	13.37	3.57%	72.01%
鞍钢股份	9 752.60	4 789.50	49.11%	464.40	4.76%	68.90	0.71%	54.58%
华能水电	1 606.54	1 288.43	80.20%	163.56	10.18%	1.66	0.10%	90.48%

资料来源：上述公司 2021 年年报。固定资产报表数＝固定资产原值－累计折旧－固定资产减值准备＋固定资产清理。在建工程报表数包含"工程物资"科目余额。

2020 年至 2021 年，国内外旅客出行量大幅降低，航空业作为典型的重资产行业，面临严峻的挑战。据报道，2020 年，民航业全行业巨额亏损超 974 亿元，其中：航空公司亏损超 794 亿元，机场企业亏损超 233 亿元。2021 年，全行业再次大幅亏损超 842 亿元，其中：航空公司亏损超 671 亿元，机场企业亏损超 246 亿元。重资产经营就像大象起舞，身躯庞大且笨重，一旦业务量急剧下滑，痛楚无处言说。

（二）固定资产的质量分析

固定资产是为公司生产经营间接服务的，随着使用时间的增长，各种物理损耗和新技术的进步会使其使用价值不断降低，进而导致资产价值不复往昔。会计上这种因有形损耗和无形损耗带来的价值降低，叫作"折旧"。折旧随固定资产使用与日俱增。会计上一般在月底计提固定资产折旧，累积的折旧形成"累计折旧"。固定资产的购置成本减去累计折旧，形成"固定资产净值"。

如果我们拿固定资产净值与固定资产的购置成本（即固定资产原值）进行比较，可以得到一个指标——固定资产成新率。它反映了固定资产的新旧程度，体现了未来固定资产的持续服务能力。

固定资产成新率的计算如下。

固定资产成新率＝固定资产净值÷固定资产原值×100%

固定资产净值＝固定资产原值－累计折旧

由于资产负债表中的固定资产项目，反映的是固定资产原值（购置成本）减去累计折旧、固定资产减值准备，再加上"固定资产清理"账户借方余额之后的价值，因此，我们需要通过财务报表附注获取固定资产原值和累计折旧的数据，再进行计算和分析。

由表3-14可知，华能水电2021年固定资产占比为80.20%，我们找到同样以水力发电为主营业务的另外2家上市公司——长江电力（600900）和三峡水利（600116），采用年报财务报表附注中的固定资产净值和固定资产原值数据，计算固定资产成新率（见表3-15）。由表3-15可知，3家公司固定资产成新率均在60%以上，说明3家公司的固定资产总体处于"年富力强"的阶段，资产质量较高，未来仍能为公司带来持续的回报，公司近期不需要筹集资金进行大规模的固定资产更新改造。

表 3-15 　 3 家水力发电公司 2021 年固定资产成新率

公司	项目	金额（亿元）	固定资产成新率
华能水电	固定资产原值	1 806.81	71.38%
	累计折旧	517.03	
	固定资产净值	1 289.78	
长江电力	固定资产原值	3 497.00	62.54%
	累计折旧	1 310.01	
	固定资产净值	2 186.99	
三峡水利	固定资产原值	132.80	64.98%
	累计折旧	46.50	
	固定资产净值	86.30	

资料来源：3 家公司 2021 年年报。固定资产净值＝固定资产原值－累计折旧。固定资产成新率＝固定资产净值 ÷ 固定资产原值 ×100%。

（三）固定资产的周转速度分析

固定资产是通过间接服务生产和管理来创造价值的。在一定时期内，固定资产创造的营业收入越多，说明固定资产的利用效率越高、价值创造能力越强。固定资产周转率就是反映这一能力的指标。

固定资产周转率＝营业收入 ÷ 平均固定资产

平均固定资产＝（固定资产期初数＋固定资产期末数）÷2

计算平均固定资产时，使用固定资产原值（购置成本）得出的结果会更准确。如果采用固定资产净值，那么随着累计折旧的不断增加，固定资产周转速度会自然加快，显然会造成一些误导。使用固定资产报表数，同样存在这个问题。但为了简化计算，一般会使用报表数。

如何提高固定资产使用效率，让固定资产在同样的时间段内创造更多的价值，是公司管理中的一项重要任务。餐饮业就是一个典型的范例。北京有一家新派京菜"小吊梨汤"，很受消费者青睐，就餐高峰期，餐厅门口经常大排长龙。"小吊梨汤"使用老北京铜壶、透明小玻璃茶盏盛装梨汤，将老北京胡同文化融入餐厅经营，形成亲切、舒适的服务风格。除了菜品的高性价比之外，"小吊梨汤"坚持研发和创新菜品。餐厅要求出餐速度快，一般凉菜5～8分钟，热菜15～25分钟上齐。为了达到这一目标，每家餐厅会根据每日菜品销量的大数据，由中央厨房统一采购、配送净菜和酱汁，保证品质稳定、提高出餐速度。

四、无形资产——被严重低估的潜力股

与固定资产不同，无形资产体现的是公司的"软实力"。无形资产是指公司拥有或控制的没有实物形态的可辨认非货币性资产。无形资产最大的特点是没有实物形

态。我们应重点了解无形资产涵盖的内容和分析要点。无形资产具体包括专利权、非专利技术、商标权、著作权、特许权、专营权、土地使用权、矿产开采权、计算机软件使用权和网络平台使用权等。

资产负债表上的无形资产项目，反映公司外购和获取各项无形资产的成本。需要注意的是，公司自行研发产品或技术的投入，只有满足规定条件的部分，才能作为无形资产入账。

在会计核算上，公司内部发生的研发支出，分两种情况进行处理：

（1）研究阶段的支出和不符合资本化条件的开发阶段支出，记入"研发支出——费用化支出"科目，期末转入"管理费用"科目；

（2）开发阶段符合资本化条件的支出，记入"研发支出——资本化支出"科目，待研发完成后，转入"无形资产"科目。①

研发费用对于 IT、通信、新材料、生物制药、航空

---

① 资产负债表上列示的"开发支出"，是处于开发阶段、符合资本化条件、尚未研发完毕的研发支出。

航天等行业的公司来说，常常是一个巨额数字。过去的十年里，华为公司累计投入的研发费用超过 8 450 亿元。截至 2021 年底，华为公司研发人员约 10.7 万名，占公司员工总数的 54.8%；华为公司在全球共持有有效授权专利超过 11 万件。华为公司副董事长、财务总监孟晚舟女士在2021 年年报发布会上表示，"华为最大的财富不在报表上。华为公司的真正价值在于：长期在研发上的投资，所沉淀和积累起来的研发能力、研发队伍、研发平台，这才是华为公司构建长期、持续竞争力的核心。"从孟女士的发言中可以看出研发投入对于评价一家公司价值的重要性。然而，在现行会计体系中，由于绝大部分研发投入直接费用化，减少了当期利润，导致出现"研发投入越高，当期利润越低"的结果，财务报表的呈现与公司的价值出现背离，这不得不说是财务会计的一大缺憾。

除了研发投入，土地使用权在报表中的价值也常常被低估。原因是土地使用权是以购买时的历史成本记账的，随着我国土地资源日益稀缺，地价总体处于上升态势，但其增值部分并未在报表中得以体现。

财务报表上的无形资产，常被误认为包含了"品牌价值"。实际上并非如此。财务报表上只反映了商标权的取得成本。商誉未计入无形资产。商誉指在非同一控制下公司因并购形成的溢价（并购成本高于并购方享有的被并购方可辨认净资产公允价值的部分）。

基于以上分析可知，财务报表中的"无形资产"，并非公司真正的"无形资产"，而是大大缩水后的"无形资产"。我们应关注公司的研发投入、品牌价值、土地使用权增值等项目，着眼于未来，不能仅仅拘泥于报表数据，要"跳出报表看报表"，这样才能客观、公正地评价一家公司。

五、商誉的实质——并购损失

商誉是在公司对外投资过程中产生的。有句话叫"无并购，不商誉"，这生动、形象地说明了商誉产生的来源。商誉简单来说，就是并购方在非同一控制下的并购溢价，即并购方支付的对价（合并成本）超过享有的被并购方可辨认净资产公允价值的部分。例如，甲公司收购乙公司，乙公司可辨认净资产公允价值是 1 亿元，如果甲公司决定以 2 亿元的价格收购乙公司，则差额 1 亿元就是甲公司的商誉。

为何并购过程中会产生商誉？有两个主要原因：一是并购方对被并购方的未来收益有较高的预期和较强的信心，因而支付了溢价；二是并购方与被并购方的股东存在"合谋"行为，并购方将公司的资金或其他资产，通过并购的方式输送给被并购方股东，这是一种不正当交易。

2013—2016 年，我国资本市场掀起一股并购热潮，不少上市公司为了转型，跨界并购其他行业的公司。从结果来看，很多跨界并购未能使并购方"华丽转身"，并购产生的高额商誉反而拖累了上市公司的业绩。以下是一个典型案例：A 公司于 2010 年在深交所上市，以生产消防产品为主业。2016 年，公司进行了一次跨界并购，并购对象为主营新能源汽车动力电池的 B 公司。此次并购 A 公司确认了 46 亿元的商誉，不过令市场错愕的是，就在并购后的第 2 年，A 公司对 46 亿元的商誉全部计提了减值损失，导致其 2017 年大亏 36.8 亿元，而 2016 年公司尚且实现盈利 4.25 亿元。出现巨额商誉减值的原因在于，B 公司受政府新能源补贴政策调整的影响，业绩未达到预期。

万得数据显示，2015 年 A 股上市公司商誉规模为 6 511 亿元，2017 年达到 1.31 万亿元，虽然 2019 年、2020 年并购重组持续下滑，但 2021 年，A 股上市公司中有 181 家公司商誉减值损失超过 1 亿元。商誉减值已成为近年来 A 股业绩"爆雷"的集中点，甚至有常态化的趋势。

虽然商誉作为一项资产在财务报表中进行列示，但商誉不会给公司带来未来现金流入。也就是说，商誉并不是一项真正的资产，它无法单独出售或者变现，不能用于实际的债务偿还。商誉，究其根本，是并购中发生的一项损失。我们应高度关注商誉占净资产的比重，如果该比重超过 20%，则一旦商誉发生减值，会给公司带来很高的风险。

六、长期待摊费用是被边缘化的资产

长期待摊费用虽带有"费用"二字，但实为资产。会计上，资产与费用最大的区别是：资产的受益期较长，其损耗需要通过折旧、摊销等形式，分期计入各期损益；费用则是一次性计入当期损益。

长期待摊费用核算公司发生的摊销期在一年以上的各项支出，主要包括办公场所装修费、承租人租入资产发生的改良支出等。日常生活中，消费者去美发店等消费场所办卡，如果充值金额大、使用期限长，就成为长期待摊费用。

长期待摊费用并不能为公司带来未来经济利益的流入，只能减少未来经济利益的流出。从这个意义上来说，它与其他资产项目又有所不同。从财务管理的角度看，长期待摊费用发生的金额自然越少越好。

正常经营的公司，长期待摊费用在资产总额中所占的比重，应当是比较小的。图 3-8 是南方航空（600029）2021 年年报截图，其显示了南方航空长期待摊费用核算内容。南方航空长期待摊费用包括租赁资产装修或改良支出、飞行员住房补贴和飞行员引进费。2021 年，南方航空长期待摊费用总额为 7.68 亿元（已扣除长期待摊费用减值准备 0.18 亿元），占资产总额的 0.24%。

（17）长期待摊费用

长期待摊费用按预计受益期限分期平均摊销。各项费用的摊销期限列示如下：

项目	摊销期限
租赁资产装修或改良支出	3~15年
飞行员住房补贴	受益期内按直线法摊销
飞行员引进费	受益期内按直线法摊销

图 3-8　南方航空长期待摊费用核算内容

资料来源：南方航空 2021 年年报。

第三节　公司的表外资产

在分析公司的资产时，由于会计计量本身的局限性，有些经济资源并没有在公司的财务报表里列示，成为"表外资产"。常见的表外资产包括品牌价值，人力资源，政商关系，特殊销售渠道，公司自创、没有花费成本的无形资产，以及企业文化等。这些表外资产，是公司隐秘的"金矿"。

一是品牌价值。 我国有很多知名品牌，如贵州茅台、五粮液等，这些品牌的价值无疑是非常高的，但并没有在公司的资产负债表中反映。为什么不把品牌价值放入资产负债表中呢？原因是品牌价值不好计量。如果聘请评估机构进行估价，使用的评估方法不同，可能结果会大相径庭。那么，能不能把创建品牌投入的营销推广费用作为品牌价值呢？按现有会计核算方法，公司已经将营销推广支出计入当期销售费用中了。

二是人力资源。有些公司属于知识密集型行业，高级人才非常多，甚至不乏院士、长江学者和引进人才。这些人才是公司非常宝贵的资源。但是，这些人力资源的价值，并没有在资产负债表中反映。公司支付的工资薪酬、各类福利待遇，统统作为职工薪酬，直接列入当期成本费用中。

三是政商关系。政商关系无疑是非常重要的资源。然而，在资产负债表中，同样由于计量的原因，无法体现出政商关系的价值。

四是特殊销售渠道。在竞争激烈的行业中，销售渠道建设是非常重要的，甚至关乎公司发展的全局。例如，汽车品牌的4S店、家电公司的销售代理商体系等。公司渠道建设的费用，在发生时基本被列入销售费用当中，其价值自然无从在资产负债表中体现。

　　五是公司自创、没有花费成本的无形资产。 公司自创的技术诀窍、保密配方、特殊工艺、设计方案等，也属于无形资产，应在财务报表中反映。但如果公司在取得时没有花费任何成本，则无法计入无形资产。

　　除了以上列举的几项外，企业文化同样没有计入资产负债表。表外资产脱离了资产负债表，只能靠证券市场的估值来弥补。从财务分析的角度来看，我们要重视表外资产。看不见的"资产"，也许是最不可忽视的"资产"。

第四章

万花筒般的权益

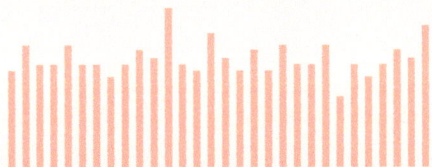

天下不患无财，患无人以分之。

——《管子·牧民》

资产负债表的右侧，说明了公司资金的来源，包含两个组成部分：债权人权益（负债）和股东权益。这两部分可统称为"权益"。债权人对公司资产享有优先求偿权。一旦公司清算，公司资产要优先偿还债务，如有剩余，才归股东所有。

第一节　形形色色的负债

有句老话说："穷在闹市无人问，富在深山有远亲。"其本意是说世态炎凉，一些人嫌贫爱富。这句话用于公司同样合适。公司向银行举债，如果没有足够的实力作为保障，银行很少会雪中送炭。因此，公司需要保持适当的偿债能力。

恒大集团一直高负债、高杠杆运行，业务涉及领域较广，2021 年资金链出现问题。截至 2021 年 6 月 30 日，公司总负债为 1.966 万亿元，总有息债务为 5 760 亿元。自 2021 年第四季度起，该集团已无法履行正常的债务偿还义务。公司通过降价促销、处置资产和债务重组等，试图走出困境。2022 年 6 月 20 日晚，恒大集团发布公告称，预计将于 7 月底宣布初步重组计划。这或许是中国企业目前为止规模最大的一次债务重组。

一、商业信用是公司重要的无息资金来源

公司的负债按流动性可以分为流动负债和非流动负债。如果我们换一个角度，按照负债的资金成本来划分，则可将负债分为无息负债和有息负债。

公司的无息负债是由业务或者交易自发形成的负债，如应付票据[①]、应付账款、预收款项、合同负债、应付职工薪酬、应交税费、其他应付款等，其中应付票据、应付账款和预收款项，来自公司的供应商或者客户，因此，属于商业信用。商业信用占用的资金越多，说明公司在产业链上下游拥有越强的话语权，可以通过无偿占用其他公司的资金，为自身经营服务。

相对于无息负债，有息负债主要是指短期借款、交易性金融负债、长期借款、应付债券、租赁负债、长期应付

---

① 此处指无息应付票据。应付票据如带息，则应归为有息负债。

款、一年内到期的非流动负债（有息的部分）等。

在进行财务分析时，可以通过有息负债占资产总额的比重、货币资金与有息负债的对比来分析公司的财务风险。一个财务稳健的公司，有息负债占资产总额的比重，应该保持在 60% 以下。货币资金应该能够覆盖有息负债，即：货币资金 ÷ 有息负债 ≥ 1，也可以将分子放宽至"货币资金 + 交易性金融资产、衍生金融资产等以公允价值计量且其变动计入当期损益的金融资产"。

我们来看贵州茅台（600519）2021 年全部负债的构成，如表 4-1 所示。公司没有任何短期借款和长期借款，也未发行公司债券，不存在长期应付款。贵州茅台 2021 年负债总计约为 582.11 亿元。其中，有息负债合计约为 221.64 亿元，具体包括以下几项：

（1）吸收存款及同业存放约 217.64 亿元，为各关联方在贵州茅台集团财务有限公司的存款余额及应计利息；

（2）一年内到期的非流动负债约 1.04 亿元，为一年内到期的租赁负债；

（3）租赁负债约 2.96 亿元。

显而易见，贵州茅台因为主业经营所产生的有息负债非常少，只有租赁形成的负债。

表 4-1　贵州茅台 2021 年负债情况

单位：元

项目	金额	是否为有息负债
流动负债：		
应付账款	2 009 832 495.56	
合同负债	12 718 465 288.02	
吸收存款及同业存放	21 763 575 647.32	是
应付职工薪酬	3 677 845 718.53	
应交税费	11 979 802 144.01	
其他应付款	4 124 404 781.29	
一年内到期的非流动负债	104 319 886.87	是
其他流动负债	1 535 976 293.22	
流动负债合计	57 914 222 254.82	
非流动负债：		
租赁负债	296 466 199.74	是
非流动负债合计	296 466 199.74	
负债合计	58 210 688 454.56	22 164 361 733.93

注：其他流动负债为待转增值税销项税额。

经简单计算，贵州茅台有息负债占负债总额的比重为 38.08%，占资产总额的比重为 8.69%（见表 4-2）。2021 年末，贵州茅台持有的货币资金为 518.10 亿元，是有息负债的 2.34 倍。这说明公司有足够的资金来偿还债务，财务风险很低。

表 4-2　贵州茅台 2021 年有息负债占比

金额单位：亿元

项目	金额或比重
有息负债总额	221.64
负债合计	582.11
资产合计	2 551.68
有息负债占负债比重	38.08%
有息负债占资产比重	8.69%

资料来源：贵州茅台 2021 年年报。

二、新租赁准则修改为哪般

租赁业务在重资产行业中比较普遍，如航空、船舶、基础设施、环保、光伏产业。这些行业投资大、回收期长，一次性购建固定资产所需资金量大，租赁固定资产可以节约前期的资金投入，快速投入运营；不足之处是租赁资产使用期间的财务成本较高。

2021 年实施的新《企业会计准则第 21 号——租赁》，与 2006 年发布的旧租赁准则最大的不同在于：对于承租公司来说，不再区分融资租赁和经营租赁，只要是租赁业务（除一年以内的短期租赁和 40 000 元以下的低价值资产租赁以外），承租公司均要确认租赁资产的使用权，同时反映租赁带来的全部付款义务。旧租赁准则下，承租公司对经营租赁，只需要考虑每期应承担的租赁费用和应付的租金。修订租赁准则主要是为了避免在报表中低估租赁带来的资产和负债，这会影响资产负债率等财务比率的准确性。

承租公司对于租赁的资产（除短期租赁和低价值资产租赁以外），要作为"使用权资产"列入资产负债表，同时增加"租赁负债"。在租赁期内，租赁资产视同自有资产进行管理，并计提折旧和减值准备。出租公司仍然按照原准则，将租赁分为经营租赁和融资租赁，分别进行会计处理。

南方航空公司（以下简称"南方航空"）运输飞机多、航线网络发达、年客运量大。截至 2021 年末，南方航空运营波音 787、777、737 系列，空客 380、350、330、320 系列等型号客货运输飞机 878 架，机队规模排世界前列。

截至 2021 年末，南方航空运营的运输飞机中，有经营租赁飞机 306 架、融资租赁飞机 255 架；通航飞机中，有经营租赁飞机 7 架。2021 年，南方航空飞机租赁带来的资产和负债，如表 4-3 所示。

表 4-3　南方航空租赁相关资产和负债

金额单位：亿元

项目	金额 / 占比	项目	金额 / 占比
使用权资产	1 327.25	租赁负债	819.44
资产总额	3 229.48	负债总额	2 387.03
使用权资产占比	41.10%	租赁负债占比	34.33%

资料来源：南方航空 2021 年年报。

南方航空 2021 年使用权资产为 1 327.25 亿元，占资产总额的 41.10%；租赁负债为 819.44 亿元，占负债总额的 34.33%。可见，租赁带来的资产和负债，在南方航空占据了很大比例。阅读南方航空年报中财务费用的明细可知，2021 年租赁负债的利息支出为 44.55 亿元，远高于 2021 年借款和债券的利息支出金额。

三、发行可转债的优势

可转债是指上市公司发行的可以转换为普通股股票的公司债券，全称"可转换公司债券"，又称"转债"。可转债具有债权和股权双重性质。据统计，2021 年，我国共计 119 家上市公司发行可转债，发行规模增至 2 828.49 亿元。其中，银行可转债发行规模占比近 4 成，成为可转债市场最重要的发行主体。截至 2021 年末，可转债市场 400 只存量可转债中，银行可转债共计 15 只。

对于发行公司来说，可转债是一种很有弹性的融资工具：一是可以用较低的利率（一般年利率不超过 2%）筹集资金，降低公司融资成本；二是如果债券持有人转股，则无须还本付息，可以减轻偿还债务的压力；三是公司可提前设定"有条件赎回条款"，保证公司利益。例如，公司股价连续多日高于转股价的 130%，公司可以按"面值加应计利息"的价格赎回可转债。

对于投资者来说，可转债"进可攻、退可守"，属于兼具安全性和收益性的理财工具。投资者如果一直持有可转债，可获得债券利息；如果股价高于转股价，可择机转股，获得股票价差收益。投资者可以申购可转债（"打新"），也可以在二级市场上买卖可转债。如果投资者高溢价购买可转债，需要格外注意投资风险。可转债并不意味着"稳赚不赔"。为了保护投资者利益，某些可转债设置了回售条款。

我国上市公司可转债面值为 100 元，每 10 张为 1 签。可转债常用的两个指标"转股价值"和"转股溢价率"的计算公式如下。

转股价值 = 可转债面值 ÷ 转股价 × 正股价

转股溢价率 =（可转债市价 − 转股价值）÷ 转股价值 ×100%

以巨星农牧可转债（债券代码：113648）为例：其申购日期为 2022 年 4 月 25 日，发行规模为 10 亿元，上市日为 2022 年 5 月 17 日，开始转股日为 2022 年 10 月 31 日，转股价为 25.24 元。2022 年 6 月 30 日 11：30，可转债市价为 132.44 元。正股简称"巨星农牧"（603477），2022 年 6 月 30 日 11：30，正股价为 24.50 元。则：

转股价值 =100 ÷ 25.24 × 24.50=97.07（元）

转股溢价率 =（132.44−97.07）÷ 97.07 × 100%=36.44%

大家可登录巨潮资讯网查询所有可转债的基本数据。

四、或有负债与负债的距离

或有负债是公司承担的尚不确定的负债，常见的或有负债来自未决诉讼或未决仲裁、债务担保、产品质量保证、亏损合同、重组义务、承诺事项、环境污染整治等。按照《企业会计准则》，或有负债只需要在财务报表附注中披露。当或有负债的不确定性消除，满足负债的确认条件[1]时，才作为预计负债计入资产负债表的负债项目。正因为如此，或有负债成为大家需要关注的表外负债。

2022年1月29日，福昕软件（688095）发布公告，称在金山办公（688111）官网、金山词霸官网及第三方下载网站上发现多个金山词霸软件使用了福昕软件的PDF技术，侵害了福昕软件的著作权，遂将金山办公诉至福州市中级人民法院，索赔3 500万元。法院已受理此案。

这起数额巨大的知识产权纠纷，已经不是福昕软件与金山办公的第一次交锋。早在2016年和2018年，福昕软件就与金山办公因"Office文档格式转PDF文档格式"合作开发引发合同纠纷及著作权纠纷。

在技术合作开发合同纠纷案中，福昕软件先是将金山办公诉至北京市海淀区人民法院，后因不符合管辖规定，由北京知识产权法院提级管辖审理。该案中，福昕软件主

---

[1] 或有负债确认为负债的3个条件：该义务是企业承担的现时义务；履行该义务很可能导致经济利益流出企业；该义务的金额能够可靠地计量。

张法院判令被告金山办公支付其软件技术使用费共计 1 亿元。北京知识产权法院最终判决被告赔偿福昕软件 30 万元，福昕软件不服，上诉至最高人民法院。2021 年 12 月，最高人民法院做出二审判决，由金山办公赔偿福昕软件 150 万元。

在侵害计算机软件著作权纠纷案中，福昕软件主张金山办公的"Office 文档格式转 PDF 文档格式"功能盗取使用了其技术，请求法院判令金山办公赔偿其经济损失 400 万元。北京知识产权法院驳回其诉讼请求，二审北京市高级人民法院维持原判，最高人民法院裁定驳回其再审申请。

面对福昕软件的再次诉讼，金山办公在 2021 年年报中认为，经法律团队评估，公司对上述未决诉讼进一步发展的预期未达到可能导致经济利益流出公司的程度，因此，并未将此诉讼作为"或有负债"进行披露，而是作为"资产负债表日后事项"。可见，金山办公根据之前的经验，对此诉讼信心满满，认为败诉赔偿的可能性非常低。

第二节　股东权益知多少

资本的本性是逐利的。但站在当下的时空角度来看，资本本身并不可耻，"资本作恶"，错不在资本，而在于背后贪婪的人性。

一、公司上市与否的抉择

实收资本（股本）和资本公积是股东投入资本，作为公司经营的原始积累。上市公司可以在证券市场上公开募集资本，快速壮大公司实力。但上市也是一把双刃剑。上市的弊端主要有：一是股票可能被有心之人收购，导致公司控制权移位；二是公司需要遵从信息公开披露等证券市场的规则；三是公司重大经营决策容易被投资者干扰或左右。

国内有不少优秀的公司选择不上市，如老干妈、华为、娃哈哈、方太等。老干妈为何不上市呢？因为没有必要上市，公司不缺钱。华为为了保持长远发展战略，坚持每年投入巨额资金进行研发，一旦上市，追求短期利益的外部投资者和股东，不会允许华为每年拿出 1 000 多亿元投入研发，因为有一些研发投入是有风险的。事实上，华为很早就实施了员工持股计划，华为的股权由华为投资控股有限公司工会委员会和任正非持有。截至 2021 年 12 月 31 日，华为员工持股计划参与人数为 131 507 人，任正非的总出资占公司总股本的比重，仅为 0.84%。

二、优先股的前世今生

优先股是相对于普通股而言的。优先股通常来说属于公司的股权资本（作为"金融负债"的情况除外）。

优先股的"优先"体现在：一是优先分配利润；二是优先分配剩余资产。公司在向普通股股东分配利润之前，要先向优先股股东支付股息；在公司由于解散、破产等原因进行清算时，优先股股东对公司剩余资产有优先分配的权利。需要注意的是，优先股的权利排在债权人之后。

优先股股东在享有某些"特权"的同时，其他权利会受到限制：优先股股东在股东大会上无投票权，一般不参与公司的经营决策和日常管理，除非在涉及自身权益的特殊情况下。例如：

（1）公司修改章程中与优先股相关的内容；

（2）公司发行优先股；

（3）公司一次或累计减少注册资本超过 10%；

（4）公司合并、分立、解散或变更形式等；

（5）公司章程规定的其他情形。

公司当年的净利润在弥补以前年度亏损和提取盈余公积之后，可向优先股股东分配股息。按照股息是否固定，优先股可分为固定股息率优先股和浮动股息率优先股。固定股息率并不意味着股息率一成不变，也可以跳息。如果公司之前由于可分配利润不足，未足额派发股息，差额部分累积到下一年度，则为累积优先股；否则，为非累积优先股。

我国优先股的票面金额为 100 元。我国上市公司可以公开或非公开发行优先股。证监会在《优先股试点管理办法》中规定，上市公司公开发行优先股，需要具备以下条件之一：

（1）其普通股为上证 50 指数成份股；

（2）以公开发行优先股作为支付手段收购或吸收合并其他上市公司；

（3）以减少注册资本为目的回购普通股的，可以公开发行优先股作为支付手段，或者在回购方案实施完毕后，可公开发行不超过回购减资总额的优先股。

上市公司公开发行的优先股，任何投资者均可以购买，可以上市交易；上市公司非公开发行的优先股，仅合格投资者可以购买，可在证券市场转让，但设有限售期。

我们以一家上市公司为例：九州通（600998）全称为"九州通医药集团股份有限公司"，注册地址位于湖北省武汉市，是一家民营医药企业。公司立足于医药流通、物流服务及医疗健康等大健康行业，主营业务包括数字化医药分销与供应链服务、总代品牌推广服务、医药工业及贴牌业务、数字零售业务、智慧物流与供应链解决方案、医疗健康与技术增值服务六大方面。

截至 2021 年 12 月 31 日，九州通资产负债表中有 19.825 亿元优先股股票，折合优先股股数为 1 982.50 万股。该优先股为非公开发行、固定股息、累积优先股，公司有权赎回，但无投资者回售条款。图 4-1 为九州通发行的"九州优 1"的 2022 年派息公告。

证券代码：600998　　　证券简称：九州通　　　公告编号：临2022-053

九州通医药集团股份有限公司
第一期优先股2022年股息派发实施公告

> 本公司董事会及全体董事保证公告内容不存在任何虚假记载、误导性陈述或者重大遗漏，并对其内容的真实性、准确性和完整性承担法律责任。

重要内容提示：

- 优先股代码：360039
- 优先股简称：九州优1
- 优先股面值：100元/股
- 每股优先股派发现金股息：人民币6.02元（含税）
- 最后交易日：2022年7月14日（星期四）
- 股权登记日：2022年7月15日（星期五）
- 除息日：2022年7月15日（星期五）
- 股息发放日：2022年7月18日（星期一）

图 4-1　九州通优先股派息公告

三、永续债——是股还是债

自2013年我国第一只永续债——武汉地铁可续期公司债券发行以来，永续债逐渐成为资本市场上一种新兴的复合型融资工具。房地产公司、交通运输公司、商业银行、证券公司等重资产、高杠杆公司，尤其青睐永续债。截至2021年底，全国共有85家银行发行了134只永续债，发行规模超过1.8万亿元。

永续债从字面上来看，属于公司的债务。实际上则不然。永续债"可股可债""亦股亦债"。也就是说，永续债到底是债务还是股东权益，要看它的经济实质。实务中，要根据永续债的相关条款和政府部门出台的判断标准，具体分析其性质。

永续债的基本要素包括债券期限（到期日）、票面利率、面值、发行价格、发行金额、发行人续期选择权、发行人赎回选择权、投资者回售选择权、利息递延支付条款、利率跳升机制等。永续债期限很长，有"3+N""5+N""无到期日"等种类。即使 3 年或 5 年的期限到期，发行人也往往有续期选择权。有些永续债还可以延期支付利息，甚至无限期推迟支付利息。

目前，规范永续债会计核算和税务处理的文件主要是财政部发布的《企业会计准则第 37 号——金融工具列报》（2017），财政部发布的《永续债相关会计处理的规定》（财会〔2019〕2 号），财政部、税务总局发布的《关于永续债企业所得税政策问题的公告》（财政部 税务总局公告 2019 年第 64 号）。

在《永续债相关会计处理的规定》中，明确规定了永续债发行方在确定永续债的会计分类是权益工具还是金融负债时，应同时考虑以下因素：（1）到期日，（2）清偿顺序，（3）利率跳升和间接义务。如果公司可以无条件地避免交付现金或其他金融资产的合同义务，那么该永续债可以作为"其他权益工具——永续债"，计入股东权益；否则，要作为"应付债券——永续债"，计入公司负债。① 实操中，大部分情况下，发行人将永续债记作"权益工具"。这样做可以降低资产负债率，调整和优化资本结构，帮助公司进一步融资。

仍然以九州通为例。该公司于 2020 年发行 2 亿元永续债。截至 2021 年 12 月 31 日，该公司共有永续债 1.99 亿元，全部作为"其他权益工具"，列示在资产负债表股东权益项目中。该公司年报披露：该永续债采用固定利率计息，每 3 年可重置一次票面利率；公司有赎回选择权；可递延支付利息，并且没有递延时间以及次数的限制。在极端情况下，发行人可以无限推迟支付利息，无须在任何利息支付日支付利息。

---

① 具体如何判断，读者可参考《永续债相关会计处理的规定》，在此不详细叙述。

综合来看，尽管永续债的利率较普通公司债券高一些，但对于投资者来说，投资风险仍然较大。目前，永续债的发行基本上面向专业投资者，这导致永续债的流动性受到一定的影响。

四、库存股——回购的目的为何

上市公司回购自己的股份，通常有几个目的：

一是减少注册资本；

二是将回购的股份用于员工持股计划或者股权激励；

三是将股份回购后用于转换上市公司发行的可转债。

当股价低迷时，上市公司可通过股份回购提高每股净资产、每股收益和净资产收益率，从而提升公司股价。上市公司回购股份，通常会给证券市场传递一种积极的信号。

上市公司回购股份之后，如果暂时存放在公司，就会形成"库存股"。上市公司用银行存款等资产回购股份，会导致流通在外的股份数量减少，公司股本和资本公积减少，所以，库存股在资产负债表中是作为"资本公积"的减项列示的。在计算股东权益合计数时，需要将库存股对应的金额扣掉。

格力电器 2020 年以来频频实施股份回购。公司分别于 2020 年 4 月、10 月以及 2021 年 5 月启动三轮股份回购计划。目前，三轮股份回购方案均已实施完毕，累计回购公司股份 5.25 亿股。成交金额（不含交易费用）分别为 60 亿元、60 亿元和 150 亿元，合计耗资 270 亿元。其中，第三次成交金额，更是刷新 A 股史上最大单次回购金额纪录。格力电器此番回购股份，本意是通过实施股权激励计划激励员工。但由于激励计划覆盖范围和员工手头资金有限，加上公司股价低迷，因而适当调整了原计划，采取注销部分股份的方式，向市场传递信心。

据格力电器 2022 年 7 月 7 日发布的公告，公司将回购股份中的一部分用于完成第一期员工持股计划，另外申请注销了 2.83 亿股股份。本次股份注销后，公司总股本由 59.14 亿股下降至 56.31 亿股。受到股份数量减少的利好消息影响，格力电器股价上涨，众多投资者对此表示称赞。

面对宏观经济下行、企业经营压力增大的不利局面，很多公司采用收缩业务和裁员等方式应对。格力电器迎难而上，2022 年 5 月推出第二期员工持股计划，统筹兼顾股东利益、员工利益和公司发展，体现了大企业的社会责任和担当。

五、"现金牛"与"铁公鸡"——公司分红问题

公司净利润弥补亏损和提取盈余公积之后，就是可供分配利润。可供分配利润要么支付给股东作为分红，要么留存公司作为未分配利润。公司分红一般有现金股利（派现）、股票股利（送红股）、财产股利和负债股利四种形式。最为常见的是派现和送红股。

我国上市公司的分红问题，一直以来是投资者关注的热点。过去很长的一段时间里，很多公司上市的一个很重要的目的是"圈钱"，典型的表现就是"只融资、不分红"。有些上市公司从来不分红，被投资者戏称为"铁公鸡"——一毛不拔。

虽然公司是否分红属于自身的经营行为，法律并没有强制性规定，但面对证券市场上诸多投资者的质疑和不满，证监会从 2001 年开始，相继在相关文件中予以规范或者出台一系列的规章制度，对上市公司的分红行为进行适当干预，尤其是当上市公司申请再融资时。这样的分红

政策，被学术界称为"半强制分红政策"。

这些规章制度中，对证券市场影响较大的有：

（1）2006 年 5 月，证监会发布《上市公司证券发行管理办法》，规定上市公司公开发行证券，最近三年以现金或股票方式累计分配的利润不少于最近三年实现的年均可分配利润的 20%；

（2）2008 年 10 月，证监会发布《关于修改上市公司现金分红若干规定的决定》，要求上市公司申请再融资时，现金分红的标准提高至不少于最近三年实现的年均可分配利润的 30%；

（3）2012 年 5 月，证监会出台《关于进一步落实上市公司现金分红有关事项的通知》，规定上市公司应当在募集说明书或发行预案中增加披露利润分配政策；

（4）2013 年 11 月，证监会发布《上市公司监管指引第 3 号——上市公司现金分红》，在第五条中要求上市公司根据行业特点和发展阶段等制定差异化现金分红政策，并明确规定了现金分红在利润分配中所占的最低比重；

（5）2022 年 1 月，证监会对《上市公司监管指引第 3 号——上市公司现金分红》进行了略微的修订。

《上市公司监管指引第 3 号——上市公司现金分红》第五条规定:"上市公司董事会应当综合考虑所处行业特点、发展阶段、自身经营模式、盈利水平以及是否有重大资金支出安排等因素,区分下列情形,并按照公司章程规定的程序,提出差异化的现金分红政策:

(1)公司发展阶段属成熟期且无重大资金支出安排的,进行利润分配时,现金分红在本次利润分配中所占比例最低应达到百分之八十;

(2)公司发展阶段属成熟期且有重大资金支出安排的,进行利润分配时,现金分红在本次利润分配中所占比例最低应达到百分之四十;

(3)公司发展阶段属成长期且有重大资金支出安排的,进行利润分配时,现金分红在本次利润分配中所占比例最低应达到百分之二十。"

经过多年的发展,我国 A 股上市公司现金分红意愿、分红金额和稳定性不断提升,分红水平已与国际成熟资本市场相当。据统计,发布 2021 年度现金分红预案的上市公司共计 3 170 家,2021 年现金分红预案总额超过 1.5 万亿元。2008—2021 年,连续 5 年分红的上市公司数量占比，从 24% 提升至 50%，连续 10 年分红上市公司占比，从 4% 提升至 32%。

格力电器可谓 A 股上市公司中非常慷慨的公司之一。据统计，自 1996 年登陆资本市场后，格力电器累计分红 27 次，分红金额合计 1 009.29 亿元。其中：2020 年，格力电器顶着营业收入和利润双双下降的压力，每 10 股现金分红 40 元，全年分红高达 234.20 亿元，堪称格力电器史上分红之最。

为何格力电器有如此大的底气，一直秉承"大额派现"的策略呢？总体来说，目前公司家电业务处于发展的成熟期，盈利稳定，多元化投资业务正在开拓过程中，公司有能力、有条件回报投资者和员工。从业绩上来看，2017—2021 年公司营业收入两次突破 2 000 亿元大关，归属于母公司的年净利润均保持在 200 多亿元；从现金流来看，公司现金流充裕，2018 年以来年经营活动现金流量净额基本在 200 亿元上下（2021 年除外），公司年末账面上货币资金一直超千亿元，能够保障派现的需要。

第五章

如何快速评价公司财务状况

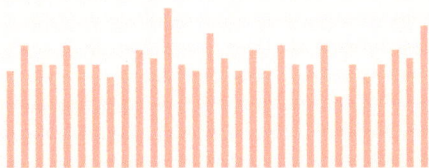

万物之始，大道至简，衍化至繁。

——《道德经》

　　一些读者在初次看到一家公司的资产负债表时，总是不知道从何入手去评价它。通过资产负债表，需要了解的是这家公司的财务状况是否健康，如同一个人体检，是为了检查身体是否出现异常。

　　我们可以从两个维度，快速为一张资产负债表打分：一看公司资产的构成是怎样的；二看公司的偿债能力如何。

第一节　看资产的结构

　　资产的结构是指流动资产、非流动资产占资产总额的比重。分析师可以通过计算流动资产占资产总额的比重、非流动资产占资产总额的比重，以及流动资产内部结构、非流动资产内部结构等，快速把握公司资产的主要分布情况，判断公司经营是重资产还是轻资产，评价公司资产的整体流动性。资产的流动性关系到资产的变现能力。

　　我们以一家上市公司的资产负债表为例来进行详细说明。表 5-1 是某上市公司 2021 年资产负债表左侧的数据

（即资产项目）。通过简单计算，可得出各项目占资产总额的比重。

表 5-1　某上市公司资产负债表（左侧）

金额单位：元

项目	2021 年 12 月 31 日金额	本年所占比重
流动资产：		
货币资金	116 939 298 776.87	36.59%
衍生金融资产	198 773 198.65	0.06%
应收账款	13 840 898 802.76	4.33%
应收款项融资	25 612 056 693.07	8.01%
预付款项	4 591 886 517.34	1.44%
其他应收款	334 161 870.18	0.10%
存货	42 765 598 328.01	13.38%
合同资产	1 151 228 472.63	0.36%
一年内到期的非流动资产	11 033 571 932.60	3.45%
其他流动资产	9 382 177 587.07	2.94%
流动资产合计	225 849 652 179.18	70.67%
非流动资产：		
发放贷款和垫款	4 142 652 901.85	1.30%
其他债权投资	5 910 056 891.62	1.85%
长期应收款	2 419 031.07	0.00%
长期股权投资	10 337 008 014.57	3.23%
其他权益工具投资	10 114 246 030.05	3.16%
其他非流动金融资产	81 309 327.39	0.03%

（续表）

项目	2021 年 12 月 31 日金额	本年所占比重
投资性房地产	454 854 822.63	0.14%
固定资产	31 188 726 142.99	9.76%
在建工程	6 481 236 333.38	2.03%
使用权资产	14 603 282.99	0.00%
无形资产	9 916 967 208.10	3.10%
商誉	707 629 136.24	0.22%
长期待摊费用	18 724 025.74	0.01%
递延所得税资产	13 661 849 772.68	4.27%
其他非流动资产	716 248 679.90	0.22%
非流动资产合计	93 748 531 601.20	29.33%
资产总计	319 598 183 780.38	100%

　　该上市公司 2021 年资产总计约为 3 195.98 亿元。其中：流动资产合计约 2 258.50 亿元，占资产总额的 70.67%；非流动资产合计约 937.49 亿元，占资产总额的 29.33%。

　　流动资产中：货币资金期末约 1 169.39 亿元，占资产总额的 36.59%；应收账款和应收款项融资两项，合计占资产总额的 12.34%；存货占资产总额的 13.38%。

　　非流动资产中：固定资产占资产总额的 9.76%；递延

所得税资产占资产总额的 4.27%。

总体来说：该公司 70% 以上的资产都是流动资产，期末账面上持有 1 100 多亿元货币资金，说明该上市公司资产的流动性很强。

第二节　看偿债能力

一、看短期偿债能力

短期偿债能力是指公司及时、足额偿还即将到期债务的能力。评价公司短期偿债能力常用的指标包括流动比率、速动比率和现金比率等。我们以最常用的流动比率为例进行分析。

流动比率表明公司的流动资产是流动负债的多少倍。计算公式如下。

流动比率＝流动资产 ÷ 流动负债

流动比率越高，表明公司偿还流动负债的保障程度越高。通常来说，流动比率在 2 以上比较理想。但该比率受行业因素、运营模式的影响较大，使用时不可生搬硬套。使用流动比率进行分析时，一般要选择同行业标杆公司或者所处行业均值进行横向对比，这样得出的结论会更有说服力。此外，还需要仔细分析流动负债的构成项目。预收款项越多的公司，说明谈判能力和议价能力越强，公司在产业上下游具有优势地位。如果仅仅看流动比率的计算结果就草率得出结论，容易掉入"比率陷阱"。

流动比率不小于1，是对公司资产流动性的最低要求。低于1的流动比率，一般来说是不可接受的，意味着公司营运资本（流动资产－流动负债）为负数，短期财务风险较高。当然，我们不能仅凭一项财务指标就对公司妄下断语，还要结合现金流的情况进行综合分析。如果流动比率很低，现金流又很糟糕，财务风险就会大大增加。

表 5-2 为前述上市公司资产负债表右侧的数据（即负债和所有者权益项目）。

表 5-2　某上市公司资产负债表（右侧）

金额单位：元

项目	2021 年 12 月 31 日金额	本年所占比重
流动负债：		
短期借款	27 617 920 548.11	8.64%

（续表）

项目	2021 年 12 月 31 日金额	本年所占比重
拆入资金	300 021 500.00	0.09%
应付票据	40 743 984 514.42	12.75%
应付账款	35 875 090 911.05	11.23%
合同负债	15 505 499 178.75	4.85%
卖出回购金融资产款	746 564 041.09	0.23%
吸收存款及同业存放	182 681 905.74	0.06%
应付职工薪酬	3 466 630 401.73	1.08%
应交税费	2 230 471 191.49	0.70%
其他应付款	6 763 119 937.14	2.12%
一年内到期的非流动负债	1 255 294 034.84	0.39%
其他流动负债	62 414 107 264.20	19.53%
流动负债合计	197 101 385 428.56	61.67%
非流动负债：		
长期借款	8 960 864 258.30	2.80%
租赁负债	3 313 452.52	0.00%
长期应付款	446 194 591.92	0.14%
长期应付职工薪酬	164 408 471.00	0.05%
递延收益	2 702 653 897.78	0.85%
递延所得税负债	2 293 912 513.79	0.72%
非流动负债合计	14 571 347 185.31	4.56%
负债合计	211 672 732 613.87	66.23%
所有者权益：		
实收资本（或股本）	5 914 469 040.00	1.85%

（续表）

项目	2021 年 12 月 31 日金额	本年所占比重
资本公积	125 874 127.56	0.04%
减：库存股	19 579 646 233.43	6.13%
其他综合收益	11 204 004 355.27	3.51%
专项储备	22 403 846.26	0.01%
盈余公积	1 983 727 107.74	0.62%
一般风险准备	505 599 356.30	0.16%
未分配利润	103 475 223 000.17	32.38%
归属于母公司股东权益合计	103 651 654 599.87	32.43%
少数股东权益	4 273 796 566.64	1.34%
所有者权益（或股东权益）合计	107 925 451 166.51	33.77%
负债和所有者权益（或股东权益）总计	319 598 183 780.38	100%

该公司流动资产约为 2 258.50 亿元，流动负债约为 1 971.01 亿元，通过计算可得：流动比率 =2 258.50÷1 971.01=1.15。流动比率小于经验值 2，这能否说明该公司短期偿债能力有所欠缺呢？

我们选取两家同行业标杆公司进行横向对比。经查询，A 标杆公司 2021 年流动比率为 1.12，B 标杆公司 2021 年流动比率为 0.99。该上市公司的流动比率高于两者，这说明该公司的短期偿债能力位居同行业领先水平。

我们再详细分析一下流动负债的具体构成。根据该公司 2021 年年报披露的信息，公司短期有息负债（包括短期借款、吸收存款及同业存放、拆入资金、卖出回购金融资产款、一年内到期的非流动负债、其他流动金融负债）合计 341.40 亿元，远远低于货币资金的期末持有量约 1 169.39 亿元；短期有息负债仅占负债总额的 16.13%。

有读者可能会好奇：这家公司究竟是哪家公司呢？答案就是格力电器（000651）。我们选取的 A 标杆公司是美的集团（000333），B 标杆公司是海尔智家（600690）。当然，我们也可以使用速动比率、现金比率等分析短期偿债能力，但万变不离其宗，在此不再一一介绍。

二、看长期偿债能力

公司的长期偿债能力，主要用资产负债率、权益比率、产权比率、权益乘数等指标来反映。权益比率、产权比率、权益乘数都是资产负债率的变形，核心仍然是资产负债率。如果资产总额中负债所占比重过高，则表明公司财务结构不稳健、财务风险较大。

资产负债率的计算非常简单，公式如下。

资产负债率 = 负债总额 ÷ 资产总额 ×100%

资产负债率体现了公司的财务杠杆水平。小到一家小公司，大到金融系统、政府机构，都对此非常重视。2015年，中央经济工作会议上首次提出要把"去杠杆"作为五大任务之一。这一重大决策的背景就是当时国有企业和地方政府负债率过高，容易引发债务违约和系统性金融风险。

公司的资产负债率究竟多高合适？通常认为，资产负债率处于30%～70%是比较恰当的。超过70%的资产负债率，意味着负债与所有者权益的比率（产权比率）超过2.33，要引起重视，需防范财务风险；低于30%的资产负债率，说明公司没有充分利用负债经营（财务杠杆）的好处（前提是公司投资报酬率要高于利息率）。那么，有没有"零负债"经营的公司呢？贵州老干妈公司2021年销售收入达到50多亿元，但一直秉承"不贷款、不融资、不上市"的原则，财务上坚持朴素的"现金往来"理念——一手交钱、一手交货，账目上没有应收账款和应付账款，也无有息负债。

资产负债率具有鲜明的行业特点，分析时不能仅凭计算结果一概而论。第一章（见表 1-7 至表 1-9）列示了 2018—2020 年资产负债率排名前十的行业。

货币金融服务以超过 90% 的资产负债率连续 3 年位居第一。货币金融服务主要靠存贷利息差、中间业务服务费等赚取利润，吸收的存款构成了负债，因此资产负债率普遍较高，这是由行业经营模式决定的。以浦发银行为例：2018 年浦发银行资产负债率为 92.39%，2019 年为 91.99%，2020 年为 91.88%，与整个行业的负债水平是高度一致的。

房地产业是资金密集型行业，主要以金融机构贷款、发行公司债券、民间融资等方式筹措资金，还有不少房企发行"可股可债"的永续债融资。2018—2020 年，我国上市房地产公司整体平均资产负债率在 60% 以上。为了控制房地产公司高杠杆带来的资金链断裂风险，2020 年 8 月，住房和城乡建设部及人民银行提出了收紧房地产融资的"三道红线"：

（1）剔除预收款后的资产负债率大于 70%；

（2）净负债率大于 100%；

（3）现金短债比小于 1 倍。

根据房企"踩线"的情况不同，按照"红、橙、黄、绿"四档来控制其有息负债的规模年增长速度。其中：红色档指的是三条红线全部"踩到"，这类房企接下来不得增加有息负债；橙色档是指达到两条红线的限制，这类房企有息负债的规模年增速不得超过 5%；黄色档指的是只"踩到"一条红线，这类房企有息负债规模年增速不得超过 10%；绿色档是全部指标都达到了及格线，这类房企融资政策较为宽松，有息负债规模年增速不得超过 15%。

我们来看 2020 年 A 股上市公司中 5 家有代表性的房地产公司的具体数据（见表 5-3）。

表 5-3　2020 年 5 家房地产公司负债指标

公司名称	资产负债率	扣除预收账款后的资产负债率	净负债率	现金短债比
万科 A（000002）	81.28%	70.40%	18.10%	1.80
保利发展（600048）	78.69%	68.74%	56.55%	1.82
招商蛇口（001979）	65.63%	58.84%	28.81%	1.23
新城控股（601155）	84.73%	74.12%	43.65%	1.68
绿地控股（600606）	88.89%	84.09%	139.2%	0.97

注：扣除预收账款后的资产负债率＝（总负债－预收账款）÷（总资产－预收账款）×100%，根据监管要求，扣除的预收账款也包含合同负债以及待转销项税额；净负债率＝（有息负债－货币资金）÷所有者权益×100%；现金短债比＝非受限货币资金÷短期有息债务，非受限货币资金计算时扣除了其他货币资金及根据预售资金监管办法受监管的预售房款。

从表 5-3 中可知，在万科 A、保利发展、招商蛇口、新城控股和绿地控股 5 家公司中，2020 年负债水平最低的是招商蛇口，负债水平最高的是绿地控股。有 3 家公司扣除预收账款后的资产负债率超过了 70%，分别是万科 A、新城控股和绿地控股；有 1 家公司净负债率超过 100%，为绿地控股；有 1 家公司现金短债比小于 1，为绿地控股。

总体来看，保利发展和招商蛇口财务风险较低，为绿色档；万科 A 和新城控股脚踏 1 条红线，为黄色档；绿地控股 3 项指标都踩到红线，触发红色预警，公司后续的一项主要任务是降负债、稳发展，在业务增长的同时，逐步控制高财务杠杆带来的高财务风险。

需要注意的是，分析者不能仅凭资产负债率很高，就得出"资金链紧张"的结论，因为这两者是不同的概念。资产负债率是静态的，资金链是动态的；资产负债率强调权利和义务，资金链则强调现金流。

06

第六章

"剥洋葱" 式的利润表

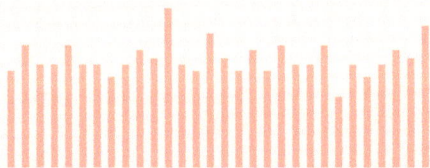

天下熙熙，皆为利来；天下攘攘，皆为利往。

——《史记》

利润表体现出公司经营业绩的好坏，就像学生的成绩单，反映了学生一个学期的学习成果。利润关乎公司的生死存亡，一家长期亏损的公司，很难持续下去。可以说，亏损只能是短暂的，唯有盈利才是永恒。

第一节　认识利润表

一、利润表的基本格式

公司存在的最终目的是获利。有些行业在发展之初，为了抢占市场和用户，不惜大肆投入资本。但这种状况维持不了多久，因为资本是逐利的，投资方是要赚钱的。近几年的一个典型案例，就是共享单车。2016 年底，共享单车火爆全国。在狂热资本的推波助澜下，不同颜色的共享单车迅速挤满城市的大街小巷。20 多个单车品牌大打价格战，甚至"免押金、免费骑行"。大规模的单车投放和"烧钱"补贴市场，让共享单车企业陷入恶性竞争，丧失盈利能力，负债累累。在失去资本的支持后，部分共享单车企业不复存在。而这样的模式和场景，人们似乎并不陌生。很多新兴行业都要经历一轮残酷的竞争和洗牌，最终存活下来的，是有雄厚资本支持的少数幸运儿。

利润表的编制，依据的是"收入 – 费用 = 利润"这一会计恒等式。我国企业利润表采用的是多步式结构，先对当期收入、费用项目按性质加以归类，再列示利润形成的各主要环节，最后计算出当期净利润。这一过程类似于"剥洋葱"，最后留下的核心部分，就是公司的净利润。

利润表的基本格式如表 6-1 所示。

表 6-1　利润表的基本格式

单位：元

项目	金额
一、营业收入	
减：营业成本	
税金及附加	
销售费用	
管理费用	
研发费用	
财务费用	
其中：利息费用	
利息收入	
加：其他收益	

（续表）

项目	金额
投资收益①	
公允价值变动收益②	
信用减值损失③	
资产减值损失④	
资产处置收益⑤	
二、营业利润	
加：营业外收入	
减：营业外支出	
三、利润总额	
减：所得税费用	
四、净利润	

注：①、②、③、④、⑤项目，如为损失，以负数填列；为了简化，本表未列出净利润之后的项目。

　　利润表的起点是营业收入，在营业收入的基础上，形成营业利润、利润总额和净利润三个不同的利润维度。这三个维度中，营业利润是主要的部分。

二、利润表的具体项目

（一）营业收入

　　利润表中的第一个项目是营业收入。以雅戈尔为例，

2021 年公司营业收入总额为 136.07 亿元。营业收入包括主营业务收入和其他业务收入。

主营业务是公司的主要经营方向、主要利润来源。不同行业公司的主营业务是不同的：制造业的主营业务是产品销售收入；建筑业的主营业务收入是工程结算收入；交通运输业的主营业务收入是运输收入。但随着公司业务的多元化，主营业务不再只涉及单一的行业。雅戈尔的主营业务包括两个行业——服装和地产开发。2021 年雅戈尔的主营业务收入共计 133.80 亿元，其中：品牌服装营业收入为 59.38 亿元，毛利率为 74.03%；地产开发营业收入为 65.66 亿元，毛利率为 48.43%。[①]

其他业务收入是指公司出租固定资产、无形资产、投资性房地产和包装物，以及出售原料、投资性房地产等获得的收入。其他业务收入不构成营业收入的主体。2021 年雅戈尔其他业务收入为 2.27 亿元，仅占营业收入总额 136.07 亿元的 1.67%。

---

① 雅戈尔的服装业务中除了品牌服装，还包括其他服装业务。

（二）营业利润

营业利润是通过从营业收入中扣除营业成本、税金及附加、期间费用（含研发费用），再加上或减去其他损益类项目计算得出的。营业利润的计算公式如下。

营业利润＝营业收入－营业成本－税金及附加－销售费用－管理费用－研发费用－财务费用＋其他收益＋投资收益＋公允价值变动收益＋资产处置收益－信用减值损失－资产减值损失

计算营业利润的过程中，主要的成本费用项目如下。

1.营业成本

营业成本包括主营业务成本和其他业务成本。这两项分别对应主营业务收入和其他业务收入。2021年，雅戈尔营业成本为57.16亿元。

2.税金及附加

该项目目前已经涵盖公司应缴纳的除增值税、企业所得税以外的所有税种。由于增值税是价外税，因此，本身不构成成本费用（小规模纳税人、一般纳税人进项税额不能抵扣等特殊情况除外），自然也无须在利润表中列示。企业所得税在"所得税费用"项目中专门列示。

3. 期间费用

期间费用包括销售费用、管理费用（研发费用包含在内）和财务费用。

（1）销售费用是指公司销售产品、提供服务中发生的各项费用，包括：①公司的营销推广费、展览费和广告费；②产品销售中发生的包装费、运输费、装卸费、保险费、售后维修费和服务费等；③销售机构和售后服务网点发生的办公费、职工薪酬、差旅费、固定资产折旧费和修理费等。

（2）管理费用涵盖的范围更广，概括起来，可分为以下几类：①公司为整体运营发生的费用，如咨询费、培训费、董事会费、诉讼费、业务招待费、工会经费、审计费、筹建期间的开办费等；②行政管理部门，包括后勤和财务部门等发生的职工薪酬、固定资产折旧、办公费、差旅费等；③公司研发支出中的费用化支出[①]；④无形资产计提的摊销；⑤行政管理部门和生产车间发生的固定资产修理费。

[①] 公司研发支出中的费用化支出包括研究阶段的支出和开发阶段不符合资本化条件的支出。

需要注意的是，期末编制利润表时，需要将研发支出中的费用化支出、自行开发无形资产计提的摊销，放入利润表"研发费用"项目。

（3）财务费用是指公司为筹集资金而发生的筹资费用等，具体包括利息支出（利息收入冲减财务费用）、手续费、发生的现金折扣（收到的现金折扣冲减财务费用）和汇兑损益（因外币汇率变动引起）等。

4. 其他收益

其他收益核算公司收到的与日常活动相关的政府补助、代扣个人所得税手续费返还、债务人以非金融资产清偿债务损益、增值税直接减免等。政府补助是其他收益的主要组成部分，属于非经常性损益。

据统计，2021 年 A 股上市公司中，政府补助主要投向了电子、新能源汽车、家电、生物医药等行业。据新能源大热股比亚迪（002594）年报披露，2021 年公司收到与日常经营活动有关的政府补助 22.62 亿元，计入了其他收益。此外，还有 151.4 万元与日常活动无关的政府补助，计入了营业外收入。两项合计起来，政府补助总额约为 22.64 亿元。

5. 投资收益

投资收益是公司对外投资活动获得的净收益或净损失。它主要来自两个方面：

（1）持有投资期间的利息、股利或分红；

（2）出售或处置投资实现的盈利或亏损。

利润表中的投资收益如果为正数，说明投资整体上是盈利的；如果为负数，说明投资总体是亏损的。

以泛海控股（000046）为例：2021 年合并利润表中，投资收益共计约 –6.37 亿元。其中：权益法核算的长期股权投资的投资收益为 1.76 亿元，处置长期股权投资的投资收益为 –10.80 亿元；交易性金融资产持有期间投资收益为 –0.025 亿元，处置交易性金融资产的投资收益为 1.46 亿元；债权投资持有期间的利息收入为 1.24 亿元。泛海控股的主要业务是金融和地产，2021 年的投资亏损主要来自持有的地产项目股权出售。例如，出售武汉中央商务区宗地 20 项目、浙江泛海建设投资有限公司 100% 股权等。公司此举的目的，是通过资产处置，加快资金回笼。

6. 公允价值变动收益

公允价值变动收益来自"公允价值变动损益"科目。

"公允价值变动损益"科目核算交易性金融资产、投资性房地产、交易性金融负债等采用公允价值计量的资产或负债，公允价值高于或低于账面价值的差额。它和投资收益一样，带有双重性质。对于资产项目来说，如果公允价值高于账面价值，说明公司有"浮盈"，形成"公允价值变动收益"；反之，则形成"公允价值变动损失"。对于负债项目来说，公允价值高于账面价值会形成"公允价值变动损失"；反之，则形成"公允价值变动收益"。

2021年，泛海控股合并利润表中，公允价值变动收益约为1.25亿元（不含金融业务公允价值变动收益）。其中：交易性金融资产公允价值变动收益约为2.50亿元；投资性房地产公允价值变动收益约为-1.25亿元。泛海控股2021年公允价值变动收益如图6-1所示。

64.公允价值变动收益

产生公允价值变动收益的来源	本期发生额	上期发生额
交易性金融资产	249 765 434.91	599 285 102.69
其中：衍生金融工具产生的公允价值变动收益	559 332 460.34	517 248 920.23
按公允价值计量的投资性房地产	−125 060 816.39	60 222 029.82
合计	124 704 618.52	659 507 132.51

图6-1 泛海控股2021年公允价值变动收益

7. 资产减值损失和信用减值损失

"资产减值"是财务会计上一个非常重要的理念。当资产的可收回金额低于其账面价值时，表明资产能够带来的未来经济利益下降，资产发生减值。此时，公司应当确认"资产减值损失"，并调减资产的账面价值。"信用减值损失"特指应收账款、其他应收款、债权投资、合同资产[①]、应收融资租赁款、长期应收款等债权，因存在违约风险而预期的信用损失。

苏宁易购（现为"ST易购"）2021年合并利润表中，净利润为−441.79亿元。其中：资产减值损失高达163.85亿元，信用减值损失高达28.31亿元。该公司发生巨额减值损失的原因，是之前的投资和扩张过于激进，业绩没有达到预期。

8. 资产处置收益

资产处置收益核算公司出售或转让固定资产、无形资产、在建工程等而产生的净收益或净损失；如为净损失，在报表中列示为负数。有一些上市公司经营业绩不佳，为

[①] 合同资产是指企业已向客户转让商品而有权收取款项的权利，且该权利取决于时间流逝之外的其他因素，如：履行合同中的其他履约义务之后，才能收取款项。

了实现扭亏为盈的目标，通过出售办公楼、闲置土地使用权等方式获利。但这种方式只能偶尔为之，不是长期经营之道。

（三）利润总额

利润总额的计算相对比较简单，公式如下。

利润总额＝营业利润＋营业外收入－营业外支出

营业外收入是指公司发生的与日常活动无直接关系的各项收益，包括与企业日常活动无关的政府补助、接受的捐赠、资产盘盈等。

营业外支出是指公司发生的与日常活动无直接关系的各项支出，包括非流动资产毁损报废损失、自然灾害等造成的非常损失、公益性捐赠支出、资产盘亏等。

营业外收支属于非经营性损益，虽然计入利润总额，但具有偶发性，不可持续。

（四）净利润

利润总额扣除所得税费用，得到净利润。

净利润＝利润总额－所得税费用

利润表中的所得税费用，并不等于公司按税法规定应交的企业所得税，还要考虑递延所得税资产和递延所得税负债。

所得税费用＝当期应交所得税＋递延所得税（递延所得税负债－递延所得税资产）

第二节　好有味面包房的利润表

我们继续来看好有味面包房的经营故事。

2021 年 3 月 1 日，好有味面包房正式开张营业。当月各类面包、蛋糕、糕点等销售收入总计 50 000 元，消耗的面粉、鸡蛋、牛奶等原料共计 15 000 元，2 名糕点师的工资费用为 12 000 元，厨房设备折旧费为 1 000 元，1 名收银员兼服务员的工资为 5 000 元，水、电、纸、笔等办公费用 500 元，印制一批产品宣传册花费 1 500 元，税费略。

根据以上业务，可做以下分析。

（1）2021 年 3 月，销售收入 50 000 元作为面包房的主营业务收入，记入利润表"营业收入"项目。

（2）面包、糕点生产过程中消耗的原料为"直接材料费"，金额为 15 000 元；糕点师因直接参与产品生产过程，故其工资 12 000 元为"直接人工费";厨房设备折旧费 1 000 元为"制造费用"。三者共同构成了面包、糕点的生产成本。由于当月所有的产品都销售出去了,因此生产成本 28 000 元全部转入销售成本,即主营业务成本,在利润表中记入"营业成本"项目。

(3)收银员兼服务员工资及水、电等办公费用,共计 5 500 元,均记入"管理费用"项目。

(4)产品宣传册的制作费用 1 500 元,记入"销售费用"项目。

根据以上项目,可以得到好有味面包房 2021 年 3 月的利润表(简表),如表 6-2 所示。

表 6-2 好有味面包房利润表(简表)

2021 年 3 月 单位:元

项目	金额
一、营业收入	50 000
减:营业成本	28 000
税金及附加	0
销售费用	1 500
管理费用	5 500
二、营业利润	15 000
加:营业外收入	0

（续表）

项目	金额
减：营业外支出	0
三、利润总额	15 000
减：所得税费用	0
四、净利润	15 000

第三节　上市公司合并利润表实例

　　为了方便读者了解利润表的全貌，我们从万科 A
（000002）2021 年年报中摘取其 2021 年合并利润表，如表
6-3 所示。与单个公司的利润表不同，合并利润表是反映
母公司及其全部子公司形成的"企业集团"整体经营成果
的报表。如果子公司并非母公司全资持股（100% 持股），
则在合并利润表中会形成"少数股东损益"。

表 6-3　万科 A 2021 年合并利润表

编制单位：万科企业股份有限公司　　　2021 年　　单位：元　　币种：人民币

项目	附注五	2021 年	2020 年
一、营业总收入	41	452 797 773 974.14	419 111 677 714.12

（续表）

项目	附注五	2021 年	2020 年
减：营业成本	41	353 977 137 972.14	296 540 687 975.27
税金及附加	42	21 055 864 899.95	27 236 909 916.23
销售费用	43	12 808 639 133.72	10 636 899 699.87
管理费用	44	10 242 281 855.31	10 288 052 823.20
研发费用		642 366 251.89	665 687 472.79
财务费用	45	4 383 823 853.73	5 145 102 736.17
其中：利息费用	45	7 861 346 670.48	8 757 579 925.42
利息收入	45	3 819 803 627.43	4 680 643 358.10
加：投资收益	46	6 614 274 942.27	13 511 869 972.98
其中：对联营企业和合营企业的投资收益	46	4 888 728 689.55	9 739 656 204.22
公允价值变动收益［损失以"（ ）"填列］	47	3 816 947.39	5 333 532.39
资产减值损失［损失以"（ ）"填列］	48	(3 513 507 598.39)	(1 980 818 041.07)
信用减值损失［损失以"（ ）"填列］	49	(280 488 237.53)	(224 461 716.05)
资产处置收益［损失以"（ ）"填列］		19 241 176.11	48 381 265.04
二、营业利润		52 530 997 237.25	79 958 642 103.88
加：营业外收入	50	1 148 090 937.79	999 497 308.64
减：营业外支出	51	1 456 456 972.09	1 282 386 489.13
三、利润总额		52 222 631 202.95	79 675 752 923.39
减：所得税费用	52	14 153 104 184.93	20 377 636 478.86
四、净利润		38 069 527 018.02	59 298 116 444.53

（续表）

项目	附注五	2021 年	2020 年
（一）按经营持续性分类：			
持续经营净利润		38 069 527 018.02	59 298 116 444.53
（二）按所有权归属分类：			
归属于母公司股东的净利润		22 524 033 383.22	41 515 544 941.31
少数股东损益		15 545 493 634.80	17 782 571 503.22
五、其他综合收益的税后净额	38	1 468 174 996.65	(189 635 216.25)
（一）归属于母公司股东的其他综合收益的税后净额		1 403 345 617.34	262 053 610.76
1.不能重分类进损益的其他综合收益			
（1）其他权益工具投资公允价值变动		242 996 275.57	(609 893 173.14)
（2）权益法下不能转损益的其他综合收益		254 015 047.84	99 747 540.44
2.将重分类进损益的其他综合收益			
（1）权益法下可转损益的其他综合收益		1 005 460 945.80	153 008 111.37
（2）现金流量套期储备		(250 544 064.01)	294 508 976.45
（3）外币财务报表折算差额		151 417 412.14	324 682 155.64

（续表）

项目	附注五	2021 年	2020 年
（二）归属于少数股东的其他综合收益的税后净额		64 829 379.31	(451 688 827.01)
六、综合收益总额		39 537 702 014.67	59 108 481 228.28
归属于母公司股东的综合收益总额		23 927 379 000.56	41 777 598 552.07

合并利润表由母公司负责编制。在公司年报中，母公司利润表放在合并利润表之后。

07

第七章

收入、成本费用与
盈利能力分析

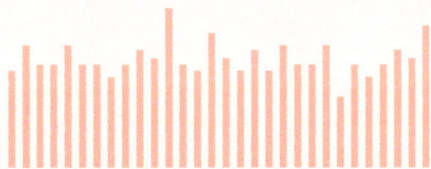

我们将按照我们的事业可持续成长的要求，设立每个时期的合理的利润率和利润目标，而不单纯追求利润的最大化。

——《华为基本法》

学过财务管理课程的读者都知道，"利润最大化是公司财务管理的目标之一"，这句话看上去没有什么问题。大家做生意都是为了赚钱，产品能多卖钱，为什么不多卖呢？

华为早期就开始坚持一个原则——不追求利润最大化，只追求合理的利润。"王小二卖豆浆，能卖一块钱一碗，为什么要卖五毛钱？我们产品的毛利，要限定在一定水平，太高或太低都不合适。"无独有偶，亚马逊在 AWS 业务长期没有竞争对手的情况下，主动降价 51 次。其创始人贝索斯认为，这有利于建立亚马逊的长期竞争力，"如果我们开始更多地关注自己而不是客户，那将是关闭的前兆。"

华为和亚马逊信奉"以客户为中心"的价值观，主张"赚小钱、不赚大钱"，让利给客户和上游供应商。这颠覆了业已形成的传统观念和定式思维。

第一节　公司收入与成本费用分析

一、营业收入分析

2021 年 8 月 2 日，《财富》杂志公布了"2021 年世界 500 强排行榜"。沃尔玛连续 8 年排名第 1，中国国家电网有限公司上升至第 2 位，亚马逊首次进入前 3，苹果公司排名第 6 位，华为在榜单上名列第 44 位。2021 年，上榜的中国公司数量达到 143 家，较 2020 年增加 10 家。

《财富》世界 500 强排行榜是衡量全球大型公司的榜单。第一份《财富》500 强排行榜诞生于 1955 年。自该榜单诞生之初起，《财富》杂志的编辑们就决定，将收入作为公司排名的主要依据。他们认为，收入是衡量增长和成功十分可靠、十分有意义的指标。

收入是利润金字塔的基石，在利润表中首先反映。我们在分析收入时，要重点关注营业收入的变化趋势。

（一）营业收入增长率分析

营业收入分析的重点是营业收入增长率。我们可根据某家公司过去的营业收入数据，合理推断未来营业收入的增长空间。如果过去连续几年的营业收入是稳定增长态势，则可以判断未来两年营业收入的大致走向。需要注意的是，外部不可抗力因素，会在一定程度上影响公司营业收入预测的准确性。表 7-1 是华为 2017—2021 年销售收入的增长情况。从中可以看出，2017—2019 年华为销售收入高速增长，2020 年起，由于受到新冠疫情、国际市场变化和国内 5G 建设需求放缓的多重影响，华为销售收入增长受限，2021 年销售收入大幅下滑。

表 7-1　华为 2017—2021 年销售收入增长率

金额单位：亿元

项目	2017 年	2018 年	2019 年	2020 年	2021 年
销售收入	6 036.21	7 212.02	8 588.33	8 913.68	6 368.07
年增长率	15.73%	19.48%	19.08%	3.79%	−28.56%

资料来源：华为年报。2017 年增长率使用了 2016 年收入数据，表中未列。

（二）营业收入的多维度分析

在总额和增长率的基础上，公司营业收入可以从不同的维度，再进行细分。

第一，按产品大类或业务系列进行分解，如家电企业的产品可以分为白色家电、黑色家电两大类，白色家电可以再细分为冰箱、空调、洗衣机、洗碗机等。

第二，按市场区域进行细分，国内市场可以分为东北、西北、华北、华中、华东、华南、西南等区域，国际市场可以分为亚太、欧洲、中东、非洲、北美、南美等大区。

第三，划分不同客户类型看营业收入，如公司可根据购买量或购买金额，将客户分为企业大客户与个人消费者。

第四，按照销售渠道进行细分，如销售渠道可以分为线下渠道和线上渠道，线下渠道又可以分为总经销商、批发商、零售门店等，线上渠道是指公司网站、App 和不同的电商平台等。我们可以将以上几个维度结合起来进行分析（见图 7-1），重点关注占营业收入比重大、增长速度快的产品或区域。

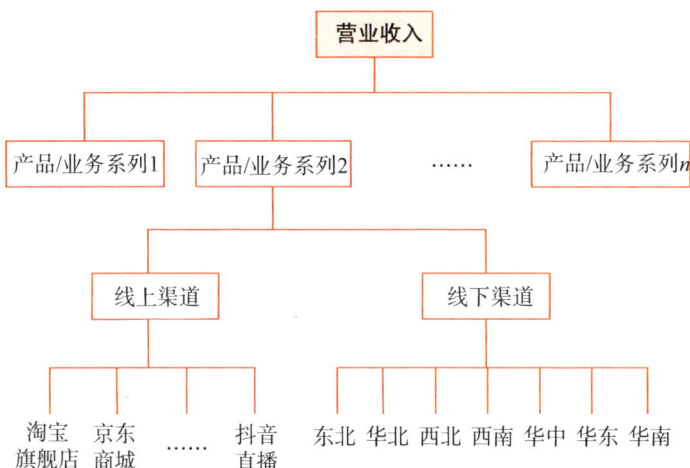

图 7-1 营业收入多维度分析

　　上市公司会在财务报表附注中，分行业、分商品或服务类型、分地区详细披露主营业务收入和主营业务成本的数据。图7-2为格力电器2021年年报"合并财务报表项目"第51项（该部分内容在年报"管理层讨论与分析"中"主营业务分析"部分也有列示和分析），详细披露了不同维度的营业收入和营业成本数据。

51. 营业收入和营业成本

项目	本期发生额		上期发生额	
	收入	成本	收入	成本
主营业务	144 840 537 601.90	101 021 238 221.75	130 427 766 473.54	87 921 191 886.69
其他业务	43 028 337 290.81	41 230 400 368.12	37 771 437 930.99	36 307 841 794.23
合计	187 868 874 892.71	142 251 638 589.87	168 199 204 404.53	124 229 033 680.92

主营业务收入相关信息：

项目	本期发生额		上期发生额	
	收入	成本	收入	成本
按行业分类				
制造业	144 840 537 601.90	101 021 238 221.75	130 427 766 473.54	87 921 191 886.69
合计	144 840 537 601.90	101 021 238 221.75	130 427 766 473.54	87 921 191 886.69
按商品类型分类				
其中：空调	131 712 664 218.81	90 576 252 210.44	115 576 822 921.57	75 391 437 042.70
生活电器	4 881 607 693.72	3 262 705 849.18	4 521 756 518.81	3 083 266 840.17
工业制品	3 194 552 084.04	2 604 593 659.63	2 304 816 992.20	2 038 896 719.43
智能装备	857 741 120.95	606 116 653.12	600 778 785.76	425 337 854.62
绿色能源	2 907 445 769.91	2 729 740 202.70	1 782 282 335.29	1 488 663 827.16
其他	1 286 526 714.47	1 241 829 646.68	5 641 308 919.91	5 493 589 602.61
合计	144 840 537 601.90	101 021 238 221.75	130 427 766 473.54	87 921 191 886.69
按地区分类				
其中：内销	122 305 111 567.10	80 703 210 957.38	110 407 002 220.87	70 329 850 923.05
外销	22 535 426 034.80	20 318 027 264.37	20 020 764 252.67	17 591 340 963.64
合计	144 840 537 601.90	101 021 238 221.75	130 427 766 473.54	87 921 191 886.69

图 7-2　格力电器 2021 年营业收入和营业成本的详细构成

（三）注意来自关联方的营业收入金额与比重

分析师在分析营业收入时，还要注意来自关联方的营业收入金额和占比。如果一家公司的销售额绝大部分来自关联方，说明这家公司的业务在很大程度上依赖关联方，欠缺独立经营的能力，存在收入造假的嫌疑。

硅烷科技（838402）成立于 2012 年，是一家从事氢硅材料产品研发、生产、销售和技术服务的专业公司，目前主要产品为氢气和电子级硅烷气。2022 年 6 月初，在经历约半年排队后，公司北交所 IPO 申请遭遇暂缓审议。

2019—2021 年，硅烷科技的业绩突飞猛进。2019—2021 年，硅烷科技的营业收入分别为 3.69 亿元、5.11 亿元和 7.21 亿元，三年复合年增长率超过 25%；归母净利润分别为 1 571.78 万元、4 682.89 万元和 7 579.99 万元，三年复合年增长率超过 68%。在高业绩的推动下，硅烷科技的股价从不到 2 元上涨至 50 多元，公司市值攀升至 100 多亿元。

作为一家百亿级市值的公司，为何在冲刺 IPO 时被暂缓审议呢？主要是因为硅烷科技在销售和采购两端，都较为依赖控股股东中国平煤神马集团。根据硅烷科技招股书，2019—2021 年，公司关联方销售金额占营业收入总额的比重，分别为 70.41%、73.33% 和 77.82%，关联方采购额占比分别达到 36.15%、53.17% 和 59.92%。硅烷科技还向关联方拆借大额资金，且与关联方之间存在水费、氢气成本等成本费用核算不规范等问题。北交所上市委因此质疑该公司直接面向市场独立、持续经营的能力。

二、营业成本分析

营业成本与营业收入相对应，包括主营业务成本和其他业务成本。主营业务成本反映公司产品或业务的生产成本。生产成本包括料、工、费三项。料是指生产过程中消耗的直接材料费用，工是指生产过程中的直接人工成本，费是指生产过程中的制造费用（间接费用，一般需要分摊）。如果按照具体项目内容进行分类，生产成本如表 7-2 所示。

表 7-2　生产成本主要项目

生产成本	主要项目
直接材料费	材料采购价
	材料包装费
	材料装卸费
	材料运输费
	材料保险费
	采购途中仓储费用
	采购途中维护费用
	采购途中合理损耗
直接人工费	生产工人工资与津贴
	生产工人绩效奖金
	生产工人劳保等福利费
	生产工人培训费
	生产工人工会经费等

（续表）

生产成本	主要项目
制造费用 （间接费用）	车间管理人员薪酬（工资与津贴、绩效奖金、福利费、培训费、工会经费等）
	车间管理人员差旅费
	机器设备、厂房、车辆等固定资产折旧费
	机器设备、厂房、车辆等固定资产保险费
	机器设备、厂房、车辆等固定资产租赁费
	生产车间低值易耗品摊销
	生产车间物料消耗
	生产车间水电费
	生产车间运输费
	生产车间仓储费
	生产车间办公费
	生产车间其他杂费

注：车间固定资产修理费，不计入制造费用，而是计入管理费用。

生产过程中的人工费用具有刚性，有效控制人工成本的方法是提高生产的自动化和智能化水平；材料、物料采购成本随行就市，除非大规模采购或者择机低价采购，否则议价空间有限；间接费用大都与生产工艺、技术水平和生产效率有关。营业成本的分析，通常需要结合营业收入进行毛利率分析。这部分内容将在本章第二节予以详细介绍。

三、费用分析

费用与会计期间相对应。公司发生的销售费用、管理费用、研发费用（利润表列示项目）和财务费用直接抵减发生当期的利润，其中，销售费用、管理费用、财务费用被统称为"期间费用"。

（一）费用分析方法

1．销售费用分析

销售费用对于公司来说，是不可避免的支出。在开源艰难的情况下，节流就成为一项重要任务。但销售费用控制的目标不是简单地追求费用最低化，而是"要把钱花在刀刃上"，提高营销活动的产出效率。

（1）销售费用率

营销资金的使用效果，可以通过销售费用率来衡量。该比率的意义在于说明公司每取得 1 元营业收入，需要花费多少营销费用。销售费用率一般来说越低越好。

销售费用率＝销售费用 ÷ 营业收入 ×100%

（2）销售费用增长率与营业收入匹配度

销售费用增长率的计算很简单。如果将销售费用增长率与营业收入增长率进行对比，可以发现销售费用的增长是否与营业收入增长同步。如果销售费用增长率超过营业收入增长率，说明营销手段没有取得理想的效果，营销投入与产出不匹配。

销售费用增长率与营业收入匹配度＝销售费用增长率÷营业收入增长率

2.管理费用分析

管理费用项目众多，内容繁杂，公司可通过编制预算进行费用项目和费用总额管控。管理费用通常越低越好，尤其是固定管理费用。分析师可通过同行业不同公司之间管理费用率的对比，来判断公司管理费用水平的高低。

管理费用率＝管理费用÷营业收入×100%

公司管理费用增长的合理性可以通过管理费用增长率与营业收入匹配度来判断。

3.研发费用分析

航空航天、生物医药、电子、通信、网络科技、新材料等领域的公司，每年研发支出较大，研发费用所占费用比重较高。利润表中"研发费用"项目反映公司研究与开发过程中发生的费用化支出，以及自行开发无形资产的摊销。

考察公司研发投入水平，可以通过研发费用增长率、研发费用占营业收入比重两项指标来进行分析。

研发费用增长率=（本期研发费用-上期研发费用）÷上期研发费用 ×100%

研发费用占营业收入比重=研发费用 ÷ 营业收入 ×100%

4. 财务费用分析

在利润表中，"财务费用"项目下单独列示了"利息费用"和"利息收入"（利息收入作为财务费用的减项）。需要注意的是，这里的"利息费用"仅仅是指"费用化利息"，计入固定资产、在建工程等资产成本的"资本化利息"不包含在内。在计算公司的有息负债融资成本时，要把所有的利息费用考虑在内，否则，计算结果不准确。一般可以在公司年报中查询利息费用计提总额（非实际支付利息金额）。如果公司未披露这一数据，则外部人员很难获取数据进行计算和分析。

有息负债融资成本=年利息费用总额 ÷ 平均有息负债 ×100%

在计算融资成本时，如果有息负债使用加权平均数而不是算数平均数，则计算结果更精确。

（二）费用分析实例——华为和中兴通讯对比分析

我们来分析华为 2017—2021 年期间费用的情况，以同行业上市公司中兴通讯（000063）作为比较对象。

1.销管费用对比分析

表 7-3 列示了华为和中兴通讯销管费用情况，从中可以看出，华为 2017—2021 年销管费用基本都在千亿元以上，2017—2019 年销管费用增长较快，2020 年销管费用开始下降，2021 年降幅较大。从销管费用率来看，2020 年最低，2021 年由于收入下滑，销管费用率上升至16.36%。与中兴通讯相比，华为的销管费用率总体偏高，尤其是 2021 年高出 3.98 个百分点。

表 7-3 华为和中兴通讯销管费用情况

金额单位：亿元

年份	华为公司			中兴通讯			
	销管费用	销售收入	销管费用率	销售费用	管理费用	销售收入	销管费用率
2017	926.81	6 036.21	15.35%	121.04	30.57	1 088.15	13.93%
2018	1 051.99	7 212.02	14.59%	90.84	36.51	855.13	14.89%
2019	1 141.65	8 588.33	13.29%	78.69	47.73	907.37	13.93%
2020	1 134.30	8 913.68	12.73%	75.79	49.95	1 014.51	12.39%

（续表）

年份	华为公司			中兴通讯			
	销管费用	销售收入	销管费用率	销售费用	管理费用	销售收入	销管费用率
2021	1 041.61	6 368.07	16.36%	87.33	54.44	1 145.21	12.38%
5年平均值	1 059.27	7 423.66	14.46%	90.74	43.84	1 002.07	13.50%

注：销管费用率=（销售费用+管理费用）÷销售收入×100%。表中数据来自两家公司年报。

表 7-4 列示了华为和中兴通讯 2017—2021 年的销管费用增长率和销售收入增长率。从两者的匹配度来看，华为销管费用增长率均低于销售收入增长率（2021 年除外）。同样，中兴通讯销管费用增长率也均低于销售收入增长率（2018 年除外）。这说明两家公司的销管费用控制都比较出色。

表 7-4 华为和中兴通讯 2017—2021 年销管费用增长率和销售收入增长率

公司名称	项目	2017 年	2018 年	2019 年	2020 年	2021 年
华为公司	销管费用增长率	7.22%	13.51%	8.52%	−0.64%	−8.17%
	销售收入增长率	15.73%	19.48%	19.08%	3.79%	−28.56%

（续表）

公司名称	项目	2017 年	2018 年	2019 年	2020 年	2021 年
中兴通讯	销管费用增长率	1.44%	−16.00%	−0.73%	−0.54%	12.75%
	销售收入增长率	7.49%	−21.41%	6.11%	11.81%	12.88%

资料来源：表中数据来自两家公司年报，经计算得到。

2. 研发费用对比分析

表 7-5 列示了华为和中兴通讯研发费用情况，从中可以看出，华为研发投入在 2017—2021 年一直处于增长态势。2021 年在销售收入下滑的不利局面下，研发投入达到 1 426.66 亿元，占销售收入的 22.40%。华为研发投入在全球企业中位居第二，公司秉承"越是在困难的时期，越是要坚定不移地加大投入"的信念，沿着数字化、智能化、低碳化的方向前进，依靠人才、科研和创新精神，构筑长期竞争力。中兴通讯也在加大研发投入，研发费用率也在不断增长，2021 年达到 16.42%。但相比华为，中兴通讯的研发投入力度略小。

表 7-5　华为和中兴通讯 2017—2021 年研发费用情况

金额单位：亿元

公司名称	项目	2017 年	2018 年	2019 年	2020 年	2021 年
华为公司	研发费用	896.90	1 015.09	1 316.59	1 418.93	1 426.66
	研发费用率	14.86%	14.07%	15.33%	15.92%	22.40%
中兴通讯	研发费用	129.62	109.06	125.48	147.97	188.04
	研发费用率	11.91%	12.75%	13.83%	14.59%	16.42%

资料来源：表中数据来自两家公司年报，经计算得到。

第二节　公司盈利能力分析

一、净利润的起点——毛利与毛利率分析

毛利是营业收入与营业成本之差。产品（或业务）毛利体现了产品（或业务）的销售收入扣除产品（或业务）的生产成本之后的直接利润。毛利是公司获取净利润的起点。所谓的"暴利行业"，一般需要很高的毛利率作为基础。如果一家公司毛利率很低，想要获取较高的净利率是非常困难的，除非有很高的投资收益或营业外收支等项

目。然而，毛利率高，并不意味着净利率一定高，因为从毛利到净利润，中间还要扣除期间费用和各种损失。毛利和毛利率的计算公式如下。

毛利＝营业收入－营业成本

毛利率＝（营业收入－营业成本）÷营业收入 ×100%

营业收入和营业成本的数据，可直接从利润表中获取。

（一）不同行业毛利率的差异

毛利率的一个显著特点是受经营模式或商业模式的影响很大。这就注定了不同行业的公司，毛利率可能存在较大差异。在第一章中，我们曾分析过2018—2020年毛利率排名前十的行业。现在，我们挑选白酒、医药、电力、家电、地产、新能源汽车、钢铁、电商等不同行业的 10 家知名上市公司，计算其2021年的毛利率，如表7-6所示。

由表7-6可知，贵州茅台毛利率高达 91.54%，排名第一。紧随其后的是制药龙头恒瑞医药、水电企业长江电力。地产龙头万科 A 告别了暴利时代，毛利率只有21.82%。2021 年，白云机场受市场大环境影响，毛利率为负。概括起来，毛利率超过 50% 的 3 家公司，分别属于高端白酒、创新医药和水力发电领域，要么有独特的品牌和工艺，要么有持续的研发，要么是行业壁垒很高。

表 7-6　10 家知名上市公司 2021 年毛利率排名

金额单位：亿元

序号	公司名称	营业收入	营业成本	毛利	毛利率
1	贵州茅台（600519）	1 061.90	89.83	972.07	91.54%
2	恒瑞医药（600276）	259.06	37.42	221.64	85.56%
3	长江电力（600900）	556.46	211.13	345.33	62.06%
4	青岛啤酒（600600）	301.67	190.91	110.76	36.72%
5	格力电器（000651）	1 878.69	1 422.52	456.17	24.28%
6	万科 A（000002）	4 527.98	3 539.77	988.21	21.82%
7	比亚迪（002594）	2 161.42	1 879.98	281.44	13.02%
8	鞍钢股份（000898）	1 366.74	1 234.34	132.40	9.69%
9	苏宁易购（002024）	1 389.04	1 297.38	91.66	6.60%
10	白云机场（600004）	51.80	52.28	-0.48	-0.93%

资料来源：表中数据来自 10 家公司年报。

（二）分析毛利率的变化趋势

如果我们将公司连续几年的毛利率计算出来并绘制趋势图，能够很明确地看出公司盈利能力的变化情况。图 7-3 是格力电器 2015—2021 年的毛利与毛利率趋势。由图 7-3 可知，公司的毛利率 2015—2017 年保持在 32% 以

上 的 水 平 ， 从 2018 年 开 始 ， 一 路 下 滑 ， 直 至 2021 年 的
24.28%。

（金额单位：亿元）

图 7-3　格力电器 2015—2021 年的毛利与毛利率趋势

资料来源：格力电器年报。图中数据经计算得到。

家电生产成本中，原材料的成本是大头，其次是人工
成本。格力电器毛利率下滑的原因，主要来自两个方面：
一是家电行业上游大宗原材料价格大幅上涨，如铜、塑
料、铝材、铁等主材价格均出现涨价，成本压力传递至下
游厂商；二是全球经济下行，国内房地产市场受到严格管
控，家电行业销售低迷，行业竞争加剧，为了提振业绩，
不得不降价销售刺激销量，导致毛利率下滑。图 7-4 列示

了格力电器 2021 年营业成本构成，从中可以看出，2021 年格力电器家电业务原材料成本比 2020 年上涨了 13.64%。

（5）营业成本构成

单位：人民币元

行业分类	项目	2021 年		2020 年		同比增减
		金额	占营业成本比重	金额	占营业成本比重	
家电制造	原材料	86 226 905 186.28	88.27%	75 879 070 146.39	86.90%	13.64%
	人工成本	4 402 642 502.15	4.51%	4.261 563 030.87	4.88%	3.31%
	折旧	1 734 054 331.37	1.78%	1 693 963 131.00	1.94%	2.37%
	能源	708 881 983.14	0.73%	779 821 409.66	0.89%	−9.10%

图 7-4　格力电器 2021 年营业成本构成

（三）同行业产品或业务毛利率的横向比较

我们将同行业不同公司的相同产品或业务的毛利率进行横向对比，可以看出公司之间盈利能力的差异。表 7-7 列示了格力电器和美的集团空调业务毛利率的具体数据。从中可以看出，2019—2021 年，格力电器空调业务的毛利率均高于美的集团，说明格力电器空调的直接盈利能力在美的集团之上。

表 7-7　格力电器和美的集团 2019—2021 年空调业务毛利率对比

金额单位：亿元

年份	格力电器空调业务				美的集团空调业务			
	营业收入	营业成本	毛利	毛利率	营业收入	营业成本	毛利	毛利率
2019	1 386.65	871.92	514.73	37.12%	1 196.07	816.27	379.80	31.75%
2020	1 178.82	774.30	404.52	34.32%	1 212.15	919.25	292.90	24.16%
2021	1 317.13	905.76	411.37	31.23%	1 418.79	1 120.13	298.66	21.05%

资料来源：格力电器和美的集团年报。本表中的数据，仅指两家公司的空调业务。

二、净利润的主要来源——营业利润与营业利润率分析

毛利扣除税金及附加、期间费用、研发费用之后，再加上其他收益、公允价值变动损益、投资收益（或损失）、资产处置损益、信用减值损失、资产减值损失等主要项目[①]之后，得到营业利润。营业利润是公司日常经营活动产生的利润，是公司利润的主要来源。营业利润率是营业利润与营业收入的比值，反映每 1 元营业收入获取营业利润的能力。

①　净敞口套期收益除外。

营业利润率 = 营业利润 ÷ 营业收入 × 100%

从计算公式来看，分子、分母匹配度并不是很高。营业利润率一般适合经营范围相近或类似的同行业公司之间的比较。

表 7-8 是格力电器与美的集团 2019—2021 年营业利润率的对比。由表 7-8 可知：美的集团 3 年平均营业收入 3 012.23 亿元，约为格力电器的 1.63 倍；平均营业利润 314.86 亿元，仅约为格力电器的 1.15 倍；平均营业利润率 10.45%，仅约为格力电器的 0.70 倍。这说明，虽然美的集团的销售规模远大于格力电器，但格力电器的盈利能力明显强于美的集团。

表 7-8　格力电器和美的集团 2019—2021 年营业利润率对比

金额单位：亿元

年份	格力电器			美的集团		
	营业利润	营业收入	营业利润率	营业利润	营业收入	营业利润率
2019	296.05	1 981.53	14.94%	296.83	2 782.16	10.67%
2020	260.43	1 681.99	15.48%	314.93	2 842.21	11.08%
2021	266.77	1 878.69	14.20%	332.81	3 412.33	9.75%
3 年平均值	274.42	1 847.40	14.85%	314.86	3 012.23	10.45%

资料来源：格力电器和美的集团年报。

三、净利润的扰动项目——非经常性损益分析

（一）非经常性损益的含义

非经常性损益是上市公司发生的与经营业务无直接关系的收支，以及虽与经营业务相关，但由于性质特殊和偶发性，影响真实、公允地反映公司正常盈利能力的各项收支。

2020 年，A 股上市公司实现净利润 3.98 万亿元，同比增长 4.43%，增长率只比 2019 年的 5.35% 下降了不到 1 个百分点。虽然 A 股上市公司的盈利能力体现出了相当好的韧性，但需要注意的是，净利润中有不少来自非经常性损益。2020 年，A 股上市公司的非经常性损益共 4 445 亿元，相比 2019 年，同比增长 28.02%；非经常性损益占净利润的比例为 11.20%。

我国证券监管部门非常重视上市公司的非经常性损益问题。利润表中的营业外收支属于非经常性损益，但证监会对于非经常性损益的界定，要大大超出营业外收支的范围。

（二）证监会对于非经常性损益的界定

证监会在《公开发行证券的公司信息披露解释性公告第 1 号——非经常性损益（2008）》中，明确规定了 21 项非经常性损益，包括：

（1）非流动性资产处置损益，包括已计提资产减值准备的冲销部分；

（2）越权审批，或无正式批准文件，或偶发性的税收返还、减免；

（3）计入当期损益的政府补助，但与公司正常经营业务密切相关，符合国家政策规定、按照一定标准定额或定量持续享受的政府补助除外；

（4）计入当期损益的对非金融企业收取的资金占用费；

（5）企业取得子公司、联营企业及合营企业的投资成本小于取得投资时应享有被投资单位可辨认净资产公允价值产生的收益；

（6）非货币性资产交换损益；

（7）委托他人投资或管理资产的损益；

（8）因不可抗力因素，如遭受自然灾害而计提的各项资产减值准备；

（9）债务重组损益；

（10）企业重组费用，如安置职工的支出、整合费用等；

（11）交易价格显失公允的交易产生的超过公允价值部分的损益；

（12）同一控制下企业合并产生的子公司期初至合并日的当期净损益；

（13）与公司正常经营业务无关的或有事项产生的损益；

（14）除同公司正常经营业务相关的有效套期保值业务外，持有交易性金融资产、交易性金融负债产生的公允价值变动损益，以及处置交易性金融资产、交易性金融负债和可供出售金融资产取得的投资收益；

（15）单独进行减值测试的应收款项减值准备转回；

（16）对外委托贷款取得的损益；

（17）采用公允价值模式进行后续计量的投资性房地产公允价值变动产生的损益；

（18）根据税收、会计等法律、法规的要求对当期损益进行一次性调整对当期损益的影响；

（19）受托经营取得的托管费收入；

（20）除上述各项之外的其他营业外收入和支出；

（21）其他符合非经常性损益定义的损益项目。

证监会明确要求上市公司在招股说明书、定期报告或发行证券的申报材料中，对非经常性损益做出充分披露，并要求注册会计师在出具审计报告或审核报告时予以充分关注。

（三）非经常性损益金额和占比分析

1. 关注非经常性损益的金额

非经常性损益的金额可能为正，也可能为负。如果为正，则扣除非经常性损益后的净利润更低；如果为负，则扣除非经常性损益后的净利润会更高。相比净利润，"扣非净利润"更能真实反映公司主业的盈利能力，更值得被关注。

《上市公司证券发行管理办法》第七条明确要求：公开发行证券的公司，盈利能力要具有可持续性。如果扣除非经常性损益后的净利润低于扣除前的净利润，则以扣除非经常性损益之后的净利润，作为判断公司是否盈利以及计算净资产收益率的标准。

我们来看苏宁易购（现为"ST 易购"）2017—2021 年净利润、非经常性损益与扣非净利润（扣除非经常性损益后的净利润）的金额（见表 7-9）。2017—2019 年，苏宁易购的净利润均为正，但扣除非经常性损益后，净利润为负。"扣非净利润"2017—2021 年处于连续为负数状态，且负数持续增加。这说明苏宁易购的主业无法盈利。

表 7-9 苏宁易购（ST 易购）2017—2021 年利润相关情况

单位：亿元

项目	2017 年	2018 年	2019 年	2020 年	2021 年
净利润	40.50	126.43	93.20	−53.58	−441.79
非经常性损益	43.01	136.87	155.54	25.32	14.04
扣非净利润	−2.51	−10.44	−62.34	−78.90	−455.83

资料来源：苏宁易购年报。

2. 非经常性损益占比分析

非经常性损益占净利润的比重过高，说明公司仅凭日常营业活动不足以产生足够的净利润，公司盈利质量不高，持续盈利能力较弱。大家在判断公司盈利能力时，一定要关注非经常性损益占比。

我们从公司年报中找出格力电器和美的集团 2019—

2021 年的非经常性损益，并计算非经常性损益占比，如表 7-10 所示。

表 7-10　格力电器和美的集团 2019—2021 年非经常性损益及其占比

金额单位：亿元

年份	格力电器			美的集团		
	非经常性损益	净利润	非经常性损益 ÷ 净利润 ×100%	非经常性损益	净利润	非经常性损益 ÷ 净利润 ×100%
2019	5.25	248.27	2.11%	14.87	252.77	5.88%
2020	18.89	222.79	8.48%	26.08	275.07	9.48%
2021	12.14	228.32	5.32%	26.45	290.15	9.12%

资料来源：格力电器和美的集团年报。

从表 7-10 中可以看出，美的集团的非经常性损益占比更高。仔细阅读两家公司的年报可知，格力电器的非经常性损益主要是政府补助，美的集团的非经常性损益主要来自政府补助、金融资产和金融负债的公允价值变动损益与投资收益。因此，就盈利能力的可持续性来说，格力电器要更高一筹。

08

第八章

现金流量表的来龙去脉

投资的时候，我们要把自己看成企业分析师，而不是市场分析师、证券分析师或宏观经济分析师。

——沃伦·巴菲特

现金流量表展示公司现金流入和流出的具体情况。钱从哪里来，钱到哪里去，从现金流量表可得知。现金流与盈利有关，但现金流又不等同于盈利。有些公司虽然账面上有大量盈利，但资金周转却捉襟见肘。现金流量表能够反映公司的销售收入是否实现回款、盈利的质量究竟如何。

第一节　认识现金流量表

一、现金流量表的基本格式

曹雪芹在《红楼梦》中描写了贾府的荣华富贵："贾不假，白玉为堂金作马。"贾府占据金陵大半条街，厅殿楼阁，峥嵘轩峻。家大业大的贾府，收入主要靠领取俸禄和地租。然而，一天的开销惊人，相当于庄户人家一年的用度。出得多，入得少，久而久之，只能拆东墙补西墙，寅吃卯粮。在外人看来，"如今生齿日繁，事务日盛，主仆上下，安富尊荣者尽多，运筹谋划者无一；其日用排场，又不能将就省俭。如今外面架子虽未甚倒，内囊却也尽上来了。"

如何管理好偌大的家业，《红楼梦》中着墨甚多，刻画了各色人等的理财做法。贾政身为荣国府大家长，"素性潇洒，不以俗务为要"。公务闲暇之余，只管看书下棋。用今天的话说，贾政是对账务不管不问的"甩手掌柜"。王熙凤作为大权在握的管家，胆大心细，利用时间差，挪用公款放高利贷，中饱私囊。贾探春代理管家时，学习赖大家的管理模式，把大观园承包出去，一是节省打扫和维护费用，二是园中的物产可以自给自足，三是多余物产由承包者自己留用。探春这一管理思路，就是家庭联产承包责任制——"交足集体的、剩余的都是自己的"，调动了仆人的积极性，不光开源节流，还顾全了贾府的面子。

从贾府的兴衰中，我们可以得到一个朴素的道理：量入为出、善于经营才是重中之重，如果只靠透支、借贷过日子，亏空是迟早的。

公司的现金流越来越受到管理层的关注和重视。现金流量表是反映公司在一定会计期间现金（含现金等价物①）流入和流出的报表。现金流量表的基本格式如表 8-1 所示。

表 8-1　现金流量表的基本格式

单位：元

项目	金额
一、经营活动产生的现金流量	
销售商品、提供劳务收到的现金	
收到的税费返还	
收到其他与经营活动有关的现金	
经营活动现金流入小计	
购买商品、接受劳务支付的现金	
支付给职工以及为职工支付的现金	
支付的各项税费	
支付其他与经营活动有关的现金	
经营活动现金流出小计	
经营活动产生的现金流量净额	
二、投资活动产生的现金流量	
收回投资收到的现金	
取得投资收益收到的现金	
处置固定资产、无形资产和其他长期资产收回的现金净额	

① 现金等价物是指企业持有的期限短、流动性强、易于转化为已知金额、价值变动风险很小的投资，通常是指 3 个月内到期的短期债券投资。

项目	金额
处置子公司及其他营业单位收到的现金净额	
收到其他与投资活动有关的现金	
投资活动现金流入小计	
购建固定资产、无形资产和其他长期资产支付的现金	
投资支付的现金	
取得子公司及其他营业单位支付的现金净额	
支付其他与投资活动有关的现金	
投资活动现金流出小计	
投资活动产生的现金流量净额	
三、筹资活动产生的现金流量	
吸收投资收到的现金	
取得借款收到的现金	
收到其他与筹资活动有关的现金	
筹资活动现金流入小计	
偿还债务支付的现金	
分配股利、利润或偿付利息支付的现金	
支付其他与筹资活动有关的现金	
筹资活动现金流出小计	
筹资活动产生的现金流量净额	
四、汇率变动对现金及现金等价物的影响	
五、现金及现金等价物净增加额	
加：期初现金及现金等价物余额	
六、期末现金及现金等价物余额	

在现金流量表中，现金流量被分为三个部分：经营活动产生的现金流量、投资活动产生的现金流量和筹资活动产生的现金流量。每个部分又分别列示现金流入、现金流出和现金流量净额（现金净流量）。现金流量表中的基本等式关系如下。

现金流量净额（现金净流量）= 现金流入 − 现金流出

现金净增加额[①] = 经营活动现金流量净额 + 投资活动现金流量净额 + 筹资活动现金流量净额 + 汇率变动的影响

期末现金余额[②] = 期初现金余额 + 现金净增加额

整张现金流量表的结构，可用图 8-1 概括。

二、现金流量表的具体项目

（一）经营活动现金流量净额

经营活动指跟公司生产商品或提供服务相关的活动。例如，购买原料、销售商品、支付工资和各种税费等。经营活动产生的现金流量净额 = 经营活动现金流入 − 经营活

---

① 此处公式中的现金含现金等价物。

② 此处公式中的现金含现金等价物。

动现金流出。

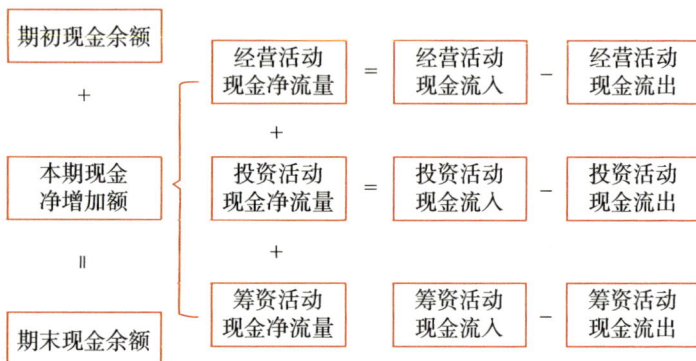

图 8-1　现金流量表基本结构

注：本图中的现金含现金等价物；为了简化，略去了汇率变动对现金及现金等价物的影响。

1. 经营活动现金流入

经营活动现金流入包括以下内容：

（1）销售商品、提供劳务收到的现金；

（2）收到的税费返还；

（3）收到其他与经营活动有关的现金，如收到的租金、赔偿金、政府补助等。

2. 经营活动现金流出

经营活动现金流出包括以下内容：

（1）购买商品、接受劳务支付的现金；

（2）支付给职工以及为职工支付的现金；

（3）支付的各项税费；

（4）支付其他与经营活动有关的现金，如支付的广告费、差旅费、业务招待费、违约金、罚金等。

（二）投资活动现金流量净额

投资活动指公司对内的长期资产购建，以及对外的债权和股权投资。例如，公司购置土地、厂房、设备，购买债券、股票或股权等。投资活动产生的现金流量净额＝投资活动现金流入－投资活动现金流出。

1.投资活动现金流入

投资活动现金流入包括以下内容：

（1）收回投资收到的现金，指的是公司出售各类债权、股权投资（不含子公司）等收到的现金；

（2）取得投资收益收到的现金，指公司股权投资和债权投资分回的现金股利和利息；

（3）处置固定资产、无形资产和其他长期资产收回的现金净额；

（4）处置子公司及其他营业单位（如分部）收到的现金净额；

（5）收到其他与投资活动有关的现金。

2.投资活动现金流出

投资活动现金流出包括以下内容：

（1）投资支付的现金，指公司购买各类债权、股权投资（不含子公司）支付的现金与手续费等；

（2）购建固定资产、无形资产和其他长期资产支付的现金；

（3）取得子公司及其他营业单位支付的现金净额；

（4）支付其他与投资活动有关的现金。

（三）筹资活动现金流量净额

筹资活动指公司筹集和偿还资金、支付利息和股利的活动。例如，向银行借款、发行债券、分配股利等。筹资活动产生的现金流量净额＝筹资活动现金流入－筹资活动现金流出。

1.筹资活动现金流入

筹资活动现金流入包括以下内容：

（1）吸收投资收到的现金，指公司发行股票、债券筹集的资金净额；

（2）取得借款收到的现金，指公司举借各种短期、长期借款收到的现金；

（3）收到其他与筹资活动有关的现金。

2.筹资活动现金流出

筹资活动现金流出包括以下内容：

（1）分配股利、利润或偿付利息支付的现金；

（2）偿还债务支付的现金，反映公司偿还的借款、债券的本金；

（3）支付其他与筹资活动有关的现金。

（四）汇率变动对现金及现金等价物的影响

汇率变动的影响，指的是公司持有的外币现金及现金等价物，由于业务发生当天的记账汇率和期末编制报表时的汇率不一致产生的折算差额。本部分适用于期末持有外币现金及现金等价物的公司，一般视为调整项目，不作为现金流量表分析的重点。

第二节　好有味面包房的现金流量表

好有味面包房 2021 年 3 月的业务如前所述。

由于面包房主要面向的是个人消费者，所有收入和支出概不赊欠，因此，收入均为现金流入，支出均为现金流出。

2021年3月，面包房的现金流入为销售收入50 000元，均为"销售商品、提供劳务收到的现金"。现金流入总计为50 000元，均为"经营活动现金流入"。

2021年3月，面包房的现金流出包括以下内容：

（1）支付面包、糕点的原料采购费15 000元，为"购买商品、接受劳务支付的现金"；

（2）支付糕点师的工资12 000元、收银员兼服务员的工资5 000元，为"支付给职工以及为职工支付的现金"；

（3）支付水、电等办公费用500元，为"支付其他与经营活动有关的现金"；

（4）支付的产品宣传册制作费用1 500元，为"支付其他与经营活动有关的现金"。

现金流出总计为34 000元，均为"经营活动现金流出"。（注：厨房设备折旧费1 000元虽计入了成本费用，但并未影响当期现金流入或流出。）

2021年2月28日，好有味面包房资产负债表中有期末银行存款 244 000 元，则 2021 年 3 月好有味面包房期初现金及现金等价物余额为 244 000 元。

根据以上分析，可以得到好有味面包房 2021 年 3 月的现金流量表，如表 8-2 所示。

表 8-2　好有味面包房现金流量表（简表）

2021 年 3 月　　　　　　　　　　　　单位：元

项目	金额
一、经营活动产生的现金流量	
销售商品、提供劳务收到的现金	50 000
收到的税费返还	0
收到其他与经营活动有关的现金	0
经营活动现金流入小计	50 000
购买商品、接受劳务支付的现金	15 000
支付给职工以及为职工支付的现金	17 000
支付的各项税费	0
支付其他与经营活动有关的现金	2 000
经营活动现金流出小计	34 000
经营活动产生的现金流量净额	16 000
二、现金及现金等价物净增加额	16 000
加：期初现金及现金等价物余额	244 000
三、期末现金及现金等价物余额	260 000

第三节　上市公司合并现金流量表实例

为了方便读者了解现金流量表的全貌，我们从万科 A 2021 年年报中摘取其合并现金流量表（见表 8-3）。与单个公司的现金流量表不同，合并现金流量表是反映母公司及其全部子公司形成的"企业集团"整体现金流量的报表。

表 8-3　万科 A 2021 年合并现金流量表

编制单位：万科企业股份有限公司　　　　2021 年　　单位：元　　币种：人民币

项目	附注五	2021 年	2020 年
一、经营活动产生的现金流量			
销售商品、提供劳务收到的现金		464 050 811 118.84	472 283 130 715.82
收到其他与经营活动有关的现金	55(1)	20 165 206 235.01	36 078 780 855.97
经营活动现金流入小计		484 216 017 353.85	508 361 911 571.79
购买商品、接受劳务支付的现金		360 604 498 291.30	318 470 472 700.42
支付给职工以及为职工支付的现金		18 594 306 128.44	15 561 462 921.17
支付的各项税费		60 103 322 006.93	59 397 255 641.48
支付其他与经营活动有关的现金	55(2)	40 800 729 978.98	61 744 698 064.91
经营活动现金流出小计		480 102 856 405.65	455 173 889 327.98
经营活动产生的现金流量净额	56(1)	4 113 160 948.20	53 188 022 243.81
二、投资活动产生的现金流量			
收回投资收到的现金		856 446 302.19	4 636 886 080.38
取得投资收益收到的现金		5 956 649 989.48	3 903 163 650.08

（续表）

项目	附注五	2021 年	2020 年
处置固定资产、无形资产、投资性房地产和其他长期资产收回的现金净额		63 571 419.72	62 313 156.81
处置子公司及其他营业单位收到的现金净额	56(3)	3 610 112 471.09	4 704 049 890.99
收到其他与投资活动有关的现金	55(3)	5 899 817 819.61	17 257 903 571.86
投资活动现金流入小计		16 386 598 002.09	30 564 316 350.12
购建固定资产、无形资产、投资性房地产和其他长期资产所支付的现金		9 577 908 329.09	7 208 297 858.47
投资支付的现金		15 250 058 837.88	12 937 284 477.77
取得子公司及其他营业单位支付的现金净额	56(3)	17 242 790 191.61	4 143 334 783.53
支付其他与投资活动有关的现金	55(4)	596 626 826.23	478 332 102.30
投资活动现金流出小计		42 667 384 184.81	24 767 249 222.07
投资活动（使用）/ 产生的现金流量净额		(26 280 786 182.72)	5 797 067 128.05
三、筹资活动产生的现金流量			
吸收投资收到的现金		38 793 659 881.18	38 858 944 942.25
其中：子公司吸收少数股东投资收到的现金		38 793 659 881.18	31 693 649 391.52
取得借款收到的现金		107 235 746 098.53	106 113 680 208.76
发行债券所收到的现金		14 977 364 163.00	8 963 038 000.00
筹资活动现金流入小计		161 006 770 142.71	153 935 663 151.01
归还投资支付的现金		23 221 621 704.69	11 885 701 551.23
偿还债务支付的现金		114 594 233 410.90	110 431 890 971.91

（续表）

项目	附注五	2021 年	2020 年
分配股利、利润或偿付利息支付的现金		41 563 942 041.83	34 716 050 996.39
其中：子公司支付给少数股东的股利、利润		14 711 816 284.82	7 474 053 653.85
支付的其他与筹资活动有关的现金	55(5)	4 730 740 476.37	29 406 279 570.31
筹资活动现金流出小计		184 110 537 633.79	186 439 923 089.84
筹资活动使用的现金流量净额		(23 103 767 491.08)	(32 504 259 938.83)
四、汇率变动对现金及现金等价物的影响		317 472 283.04	(557 101 198.03)
五、现金及现金等价物净（减少）/增加额	56(2)	(44 953 920 442.56)	25 923 728 235.00
加：年初现金及现金等价物余额	56(2)	185 662 379 706.96	159 738 651 471.96
六、年末现金及现金等价物余额	56(2)	140 708 459 264.40	185 662 379 706.96

合并现金流量表由母公司负责编制。在公司年报中，母公司现金流量表放在合并现金流量表之后。

09

第九章
公司现金流量分析

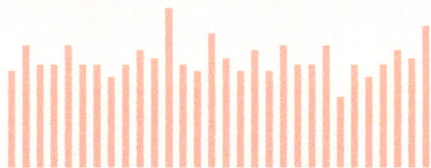

在伯克希尔有一件事一定不会变，就是手上会一直有大量现金。现金就像氧气。

——沃伦·巴菲特

当今社会，"现金为王"的理念深入人心。尤其是在外部经济环境发生不利突变的情况下，持有大量现金变得尤为重要。2022 年 8 月 3 日，新东方创始人俞敏洪在亚布力中国企业家论坛天津峰会上表示，新东方从去年开始花了接近 200 亿元退学费和支付员工遣散费，却没带来太多危险，因为账上还有钱。"手里有钱，心里不慌"，在新东方面临重大危机的关头，这些资金缓解了公司的燃眉之急。

第一节　现金流量构成分析——三大主体部分

2022 年 7 月 27 日，新东方公布了截至 2022 年 5 月 31 日的 2022 财年业绩（未经审计）。据披露，该公司 2022 财年经营利润为 -9.83 亿美元，净利润为 -12.20 亿美元。而截至 2022 年 5 月 31 日，新东方账上的现金及现金等价物为 11.49 亿美元，定期存款为 11.40 亿美元，短期投资为 19.02 亿美元，三者合计为 41.91 亿美元。由此可见，新东方过去 30 多年的高速发展和良好业绩为其提供了很宽的护城河，充足的现金储备给新东方战略转型争取了时间。

　　公司某个时期的现金及现金等价物净增加额主要包括三个组成部分：一是经营活动现金流量净额；二是投资活动现金流量净额；三是筹资活动现金流量净额。我们将分别举例说明这三个组成部分及其相互关系。

一、经营活动现金流量——公司的生命线

　　如果把一家公司在市场竞争中的生存和发展，比喻成一场战争，经营活动现金流量就是公司的生命线。观察公司经营活动现金流量净额，首先看其是否为正值（大于0），金额为多少。如果公司无法通过销售商品或提供劳务等经营活动获得足够的资金流入，用以支付各种成本费用，就只能依靠收回投资或从外部融资来解决问题。如果能够收回的投资有限，又筹措不到足够的外来资金，那么，很快公司就会陷入资金周转困难的局面。

　　我们以苏宁易购（现为"ST易购"）2019—2021年的合并现金流量表为例，说明经营活动现金流量的重要性。表9-1列示了苏宁易购2019—2021年经营活动现金流量，从中可以看出，2019—2021年连续3年苏宁易购的经营

活动现金流入均小于现金流出，经营活动现金流量净额均为负值：2019年，缺口达到178.65亿元；2020年，差额大幅缩小至16.22亿元；2021年，现金流入少于现金流出64.30亿元。

表 9-1　苏宁易购 2019—2021 年经营活动现金流量

单位：亿元

项目	2019 年	2020 年	2021 年
经营活动现金流入	3 004.91	3 068.14	2 253.88
经营活动现金流出	3 183.56	3 084.35	2 318.18
经营活动现金流量净额	−178.65	−16.22	−64.30

资料来源：苏宁易购年报。表 9-2 至表 9-4 同。

　　2020 年苏宁易购的经营活动现金流量有所改善，原因是公司进行开源节流、降本增效。一方面，加大对用户、商品经营补贴方面的投入，扩大用户规模，提升用户体验，取得了一定的效果，"销售商品、提供劳务收到的现金"从 2 967.71 亿元提升至 3 038 亿元。另一方面，加强了费用管控，加强门店精细化管理，广告费及市场推广费、仓储费、运输及力资费用、水电能源费等大幅下降，体现在现金流量表中，就是"支付的其他与经营活动有关的现金"从 242.50 亿元下降到 213.75 亿元。此外，苏宁易购加强了门店和物流体系的绩效考核，"支付给职工以及为职工支付的现金"从 2019 年的 168.05 亿元，下降至 2020 年的 120.82 亿元。

可惜的是，2021 年在多种因素的综合作用下，苏宁易购"销售商品、提供劳务收到的现金"由 3 038 亿元下滑至 2 232.63 亿元，虽然"购买商品、接受劳务支付的现金"也由 2 708.20 亿元下降至 2 044.29 亿元，支付的职工薪酬和其他费用也在下降，但仍然无法抵销营业收入下降带来的现金流减少，导致发生借款合同违约的情况。

二、投资活动现金流量——公司的发动机

投资活动包括对内投资和对外投资。对内投资主要指购建固定资产（如厂房、设备）、无形资产等，对外投资主要是购买股票、债券或者股权等。投资活动决定公司未来的发展方向和盈利增长点，具有前瞻性和战略意义。从这个角度讲，投资活动可以说是公司的"发动机"，驱动公司营业收入和利润的增长。如果公司投资活动现金流量净额为负值（投资流出大于投资流入），说明公司正处于投资扩张阶段；反之，若为正值（投资流入大于投资流

出），说明公司正处于投资收缩或者收回阶段。

我们来看苏宁易购 2019—2021 年的投资活动现金流量，如表 9-2 所示。苏宁易购 2019 年投资活动流出现金 1 106.47 亿元，超过投资的现金流入 897.76 亿元，说明公司处于急速扩张时期；到了 2020 年和 2021 年，投资活动现金流出大幅降低，并且投资的现金流入大于流出，说明公司总体上处于投资放缓或收缩阶段。

表 9-2　苏宁易购 2019—2021 年投资活动现金流量

单位：亿元

项目	2019 年	2020 年	2021 年
投资活动现金流入	897.76	437.25	133.92
投资活动现金流出	1 106.47	391.48	80.96
投资活动现金流量净额	−208.71	45.77	52.96

细读苏宁易购合并现金流量表，可以看到：2019 年，苏宁易购的投资活动现金流出，主要是"投资支付的现金"，达到 971.80 亿元。这些投资包括交易性金融资产、债权投资、长期股权投资（子公司除外）①、其他权益工具投资和其他非流动金融资产。查阅合并财务报表附注可

---

① 对子公司的投资支出，放入现金流量表"取得子公司支付的现金净额"项目。

知，苏宁易购 2019 年增资"云享仓储物流一期基金"并设立二期基金，支付了对 Suning Smart Life 的出资，收购了一些上市和非上市公司的股权。

苏宁易购 2019 年的投资活动中，"取得子公司支付的现金净额"为 43.03 亿元，包括收购家乐福中国、万达百货、6 家资产管理公司、天天快递物流业务等。这说明，苏宁易购 2019 年在资本市场上频频出手，通过大量投资和并购拓展版图，使业务更加多元化。

然而，多元化的扩张战略没有取得预期的效果，2020—2021 年，苏宁易购收缩了部分业务，通过出售 20 多家仓储物流公司、南京悦百家、苏宁悦城置业等子公司和投资项目收回资金，以缓解现金流压力。

三、筹资活动现金流量——公司的资金库

筹资活动概括起来，无非分为两大类：债务融资和股权融资。筹资能力对于公司来说是非常重要的，尤其是在创业期和成长期。如果没有充裕的资金支持，公司还未等到经营活动迈入正常轨道、能够产生正的经营活动净现金流量，可能就已经倒下。这种现象在"互联网 +""共享经

济"等新兴行业非常普遍。当公司处于成熟期，需要投资进入新的业务领域时，可能仍然需要筹资。因此，筹资活动可以被称为"公司的资金库"。

表 9-3 列示了苏宁易购 2019—2021 年的筹资活动现金流量。2019 年，苏宁易购筹资 915.09 亿元。筹资方式主要是借款，金额为 673.89 亿元。另外，发行债券收到现金 47.90 亿元。这说明公司基本依靠负债来支撑投资活动，未来几年必然会面临较大的债务偿还压力。由于苏宁易购 2020—2021 年连续两年经营活动净现金流量为负数，无法为偿债提供保障，公司资金周转捉襟见肘。据苏宁易购 2021 年年报披露，公司已经出现资金周转问题。

表 9-3　苏宁易购 2019—2021 年筹资活动现金流量

单位：亿元

项目	2019 年	2020 年	2021 年
筹资活动现金流入	915.09	692.72	687.12
筹资活动现金流出	653.08	785.13	748.12
筹资活动现金流量净额	262.01	−92.41	−61.00

四、现金及现金等价物净增加额

现金及现金等价物净增加额，表明公司本期现金流量的总体情况：是增加了，还是减少了。如果现金及现金等价物净增加额是大额的正值，说明公司期末持有的现金比期初更多，手中的现金更加充沛。

苏宁易购 2019—2021 年现金及现金等价物净增加额如表 9-4 所示，从中可以看出，苏宁易购连续 3 年现金及现金等价物净增加额为负值，说明公司整体上"大失血"越来越严重，手头的现金越来越少，这不是一个好现象，要引起足够的重视。

表 9-4　苏宁易购 2019—2021 年现金及现金等价物净增加额

单位：亿元

项目	2019 年	2020 年	2021 年
经营活动现金流量净额	−178.65	−16.22	−64.30
投资活动现金流量净额	−208.71	45.77	52.96
筹资活动现金流量净额	262.01	−92.41	−61.00
汇率变动的影响	2.33	−0.7	−1.68
现金及现金等价物净增加额	−123.02	−63.56	−74.02

第二节　现金流量特征分析——不同生命周期阶段的现金流量组合

现金流量与公司所处的生命周期阶段紧密相关。公司经营活动、投资活动、筹资活动三大现金流量，在公司发展的不同阶段呈现出显著不同的特征。将处于成熟阶段公司的现金流量与处于创业期公司的现金流量进行横向对比，没有太大的意义和价值。因此，我们有必要通过了解不同生命周期阶段的现金流量特征，更好地把握现金流量。

根据管理学中的公司生命周期理论，公司生命周期可以分为四个阶段：创业期、成长期、成熟期和衰退期（见图 9-1）。不同阶段的公司经营特点不同，注定了现金流量会大相径庭。

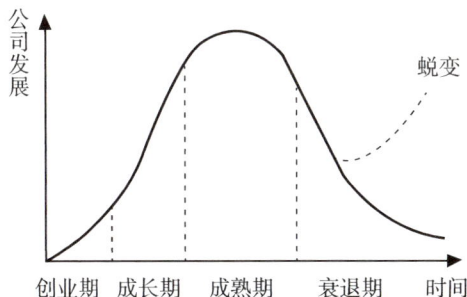

图 9-1　公司生命周期的不同阶段

一、创业期的现金流量

创业期的公司由于刚刚起步，产品或者业务处于研发和市场拓展阶段，各项投入不断增加，但销量较少或没有形成一定规模，公司的各项支出主要依靠外部筹资。因此，在创业期，经营活动入不敷出，投资活动产生的现金流出巨大，筹资活动必须能为公司带来正的现金流入，否则公司很快就会"烧光"投资人的出资，资金链断裂，从而难以为继。

主营生鲜电商业务的每日优鲜（纳斯达克股票代码：MF），2022 年 7 月关停"30 分钟极速达业务"，直接原因是投资款没有如期到账，深层次的原因是公司采用的"前置仓模式"，需要在社区 3 公里范围内建立前置仓，固定投入较大，而公司当前的营业收入和经营活动现金净流入不足以支撑巨额的投资支出，一旦投资人的后续资金跟不上，公司便会出现问题。

二、成长期的现金流量

到了成长期，公司业务逐步走上正轨，生产朝着规模经济的方向发展，公司产品或业务的销量越来越大，能够逐步带来正的经营活动净现金流量。公司利用积累的经营利润和外部融资，不断加大投资力度，经营活动现金净流入不断增长，像滚雪球一般，形成良性增长的循环。

以新能源汽车龙头企业比亚迪（002594）为例，其2019—2021年三大现金流量见表9-5。2019—2021年，比亚迪的经营活动现金净流量分别是147.41亿元、453.93亿元和654.67亿元，体现了高速成长的特征；投资活动处于扩张阶段，尤其是2021年，投资活动现金净流出454.04亿元。2022年，比亚迪汽车销量一路高歌猛进。基于比亚迪的高成长性和未来前景，资本市场给予了较高的估值。比亚迪市值突破万亿元，一跃成为中国市值最高的车企。

表9-5　比亚迪2019—2021年三大现金流量

单位：亿元

项目	2019年	2020年	2021年
经营活动现金净流量	147.41	453.93	654.67
投资活动现金净流量	−208.81	−144.44	−454.04
筹资活动现金净流量	66.1	−289.07	160.63

资料来源：比亚迪年报。

三、成熟期的现金流量

处于成熟期的公司，在行业内形成了一定的竞争优势地位，生产达到了规模经济水平，销售状况稳定，经营活动现金净流量为大额正数，但增长放缓或涨幅不大。公司投资活动相对稳健或者处于回收阶段。公司资金充裕，倾向于向股东支付高额股利、回购公司股票用于员工持股计划，或加快偿还银行贷款。

格力电器就是处于成熟期的典型公司。表 9-6 列示了格力电器 2019—2021 年三大现金流量，从中可知：2019年之后，格力电器的投资活动现金流量由负转正，说明公司总体上处于投资回收期；筹资活动现金流量为负，说明公司目前不需要募集大量资金用于投资，反而通过大量分红回报投资者或将资金用于偿还债务。

表 9-6　格力电器 2019—2021 年三大现金流量

单位：亿元

项目	2019 年	2020 年	2021 年
经营活动现金流量净额	278.94	192.39	18.94
投资活动现金流量净额	−112.75	0.98	297.52
筹资活动现金流量净额	−192.22	−211.11	−253.31

资料来源：格力电器年报。

四、衰退期的现金流量

衰退期的公司，主营业务逐步收缩，经营活动现金净流量持续下降，并由正转负。投资处于战略撤退期，公司不断处理资产，投资活动现金流入大于流出，投资活动现金净流量体现为正数。公司一般无法再进行大规模融资，而是通过归还借款或回购股票进行清算或解散，筹资活动现金净流量一般为负数。

表 9-7 列示了苏宁易购 2019—2021 年三大现金流量。苏宁易购的主业目前处于衰退期，从现金流量的特征就可以看出：经营活动不断失血，投资逐步收回，大量归还融资。

表 9-7 苏宁易购 2019—2021 年三大现金流量

单位：亿元

项目	2019 年	2020 年	2021 年
经营活动现金流量净额	−178.65	−16.22	−64.30
投资活动现金流量净额	−208.71	45.77	52.96
筹资活动现金流量净额	262.01	−92.41	−61.00

资料来源：苏宁易购年报。

综上，我们可以将四个不同阶段的公司现金流量的总体特征，概括如表 9-8 所示。使用该表时要注意，本节所述内容是规律性总结，针对不同的个案，还需具体问题具体分析，不可生搬硬套。

表 9-8　公司不同生命周期阶段的三大现金流量特征

现金流量净额	创业期	成长期	成熟期	衰退期
经营活动现金流量净额	−	+	+	−
投资活动现金流量净额	−	−	+/−	+
筹资活动现金流量净额	+	+/−	−	−

第三节　现金流量重点分析
——经营活动现金流量

经营活动现金流量是公司现金流量的核心。前已述及，健康运营的公司，经营活动一般能够长期、持续地产生稳定或逐步增长的现金净流入。经营活动现金流量，主要可以从销售收现率和净利润收现率两个维度进行分析。

一、销售收现率

对于绝大多数公司来说，"销售商品、提供劳务收到的现金"是最主要的经营性现金流入项目。如果公司的营业收入全部是现金销售，则"销售商品、提供劳务收到的现金"＝营业收入 ×（1+ 增值税税率）。然而，现实中很少有公司能够做到全部现金销售。因此，销售收现一般由三个部分组成：一是当期销售、当期收现的款项；二是前期销售、当期收现的款项；三是以后销售、当期预收的款项。但如果把时间跨度拉得足够长，销售收现与营业收入应该基本一致（不考虑增值税的话）。考虑到增值税 13%、9%、6% 的税率，则销售收现率应为 1.13、1.09、1.06。

销售收现率＝销售商品、提供劳务收到的现金 ÷ 营业收入

我们来看贵州茅台（600519）2017—2021 年的销售收现率，如表 9-9 所示。

表 9-9　贵州茅台 2017—2021 年销售收现率

单位：亿元

项目	2017 年	2018 年	2019 年	2020 年	2021 年
销售商品、提供劳务收到的现金	644.21	842.69	949.80	1 070.24	1 193.21
营业收入	582.19	736.39	854.30	949.15	1 061.90
销售收现率	1.11	1.14	1.11	1.13	1.12

资料来源：贵州茅台年报。

从表 9-9 来看，贵州茅台的销售收现率是极好的——基本

在 1.13 上下。为什么贵州茅台有如此惊艳的表现呢？因为贵州茅台的产品压根不愁销路，经销商排着队、拿着现款来提货。这一点我们可以用贵州茅台 2017—2021 年应收款项的数据来进行验证，如表 9-10 所示。贵州茅台年末除了有少量应收票据以外，应收账款和应收款项融资 2017—2021 年均为 0。

表 9-10　贵州茅台 2017—2021 年应收款项数据

单位：亿元

项目	2017 年	2018 年	2019 年	2020 年	2021 年
应收票据	12.22	5.64	14.63	15.33	0
应收账款	0	0	0	0	0
应收款项融资	0	0	0	0	0

资料来源：贵州茅台年报。

从贵州茅台的个案可以看出：产品越是具有市场竞争力，公司越是具有主导权，则销售收现率就越高。

二、净利润收现率

从财务的角度来说，现金流量遵循的是收付实现制，净利润的核算是权责发生制。如果公司只有经营活动，所有的收入和费用都是付现收入和付现费用，则经营活动现金流量净额与净利润应该是相等的。这是一个理想情况。

然而，现实中，公司还有投资和筹资活动，收入可能得延迟收款，费用有一些需要立即付款，还有一些短期内不需要付款。这就使得问题变得复杂。

（一）净利润与经营活动现金流量净额的转化

那么，从净利润的数据能否得到经营活动现金流量净额呢？答案是：可以。我们可以通过做一些项目的调整，将净利润调整为经营活动现金流量净额。图 9-2 为现金流量表补充资料示例，财务报表附注在将"净利润"调节为"经营活动现金流量净额"时，调节项目分为以下四类。

68. 现金流量表补充资料

（1）现金流量表补充资料

补充资料	本期金额	上期金额
1. 将净利润调节为经营活动现金流量：		
净利润	22 831 893 632.89	22 279 242 195.27
加：资产减值准备	757 142 125.36	273 445 629.14
固定资产折旧、油气资产折耗、生产性生物资产折旧	3 476 137 137.22	3 377 378 887.04
无形资产摊销	168 287 721.43	211 327 446.74
处置固定资产、无形资产和其他长期资产的损失（收益以"－"号填列）	-6 212 295.19	-2 945 975.01
固定资产报废损失（收益以"－"号填列）	15 960 756.64	7 920 199.63
公允价值变动损失（收益以"－"号填列）	58 130 545.10	-200 153 472.05
财务费用（收益以"－"号填列）	-2 206 918 302.50	-3 117 118 954.25
投资损失（收益以"－"号填列）	-522 063 222.58	-713 010 071.67
递延所得税资产减少（增加以"－"号填列）	-201 498 429.60	993 661 744.02
递延所得税负债增加（减少以"－"号填列）	220 437 931.82	290 136 496.04
存货的减少（增加以"－"号填列）	-13 233 904 716.97	-3 734 232 466.37
经营性应收项目的减少（增加以"－"号填列）	-2 983 553 411.83	15 242 828 006.57
经营性应付项目的增加（减少以"－"号填列）	-7 479 006 628.48	-18 480 942 047.82
其他【注】	999 530 415.41	2 811 099 691.88
经营活动产生的现金流量净额	1 894 363 258.72	19 238 637 309.16

图 9-2　现金流量表补充资料示例

（1）减值、折旧、摊销减少当期净利润，但实际上并没有发生现金流出，这些项目要加回来。

（2）处置固定资产等损失、固定资产报废损失、公允价值变动损失、财务费用和投资损失减少当期净利润，但不属于经营活动现金流量，同样要加回来。

（3）递延所得税资产的形成，意味着当期应当缴纳的企业所得税税款[①]要大于所得税费用，现金流出相对来说是"高"的，因而要将净利润调减，如果递延所得税资产没有期初余额，则调减其本期增加额；递延所得税负债则相反。

（4）存货、经营性应收应付项目的变动，虽然不影响当期净利润，但影响了经营性现金流量。例如，应收账款增加，则意味着其对应的销售收入并未收现，需要将这部分金额从净利润中减掉。

从以上调节过程可以看出，净利润与经营活动现金流量净额有紧密的关系，主业经营良好的公司，往往经营活动现金流量净额大于净利润，即：经营活动现金流量净额

[①] 这里为了方便读者理解，把应交企业所得税视为现金流出；如果未交税，则属于经营性应付项目，按第四种分类处理。

÷净利润 >1。因为在这些公司，调增的项目居多，调减的项目，如公允价值变动收益、投资收益等，相对较少。

（二）净利润收现率的计算

净利润收现率 = 经营活动现金流量净额 ÷ 净利润

净利润收现率反映公司当期盈利的质量。该比率大于1，说明净利润的实现给公司带来较高的经营活动现金净流量，净利润的质量较好。

（三）净利润收现率的分析

1. 健康运营型公司分析实例——格力电器

处于成熟期、财务健康、运营良好的公司，经营活动现金流量净额应该为正数，并且随着净利润的正增长而正增长。即使某一年偶尔出现负数，也是很短暂和偶然的事件。

我们来看格力电器 2016—2021 年经营活动现金流量净额和净利润的吻合度，如表 9-11 所示。格力电器 2016—2020 年经营活动现金流量净额与净利润数值非常接近，净利润收现率围绕 1 上下波动，只有在 2021 年，经营活动现金流量净额和净利润出现了较大的背离，净利润收现率仅为 0.07。

表 9-11　格力电器 2016—2021 年经营活动现金流量净额和净利润

金额单位：亿元

项目	2016 年	2017 年	2018 年	2019 年	2020 年	2021 年
经营活动现金流量净额	148.60	163.59	269.41	278.94	192.39	18.94
净利润	155.66	225.08	263.79	248.27	263.09	268.03
净利润收现率	0.95	0.73	1.02	1.12	0.73	0.07

资料来源：格力电器年报。

公司对表 9-11 中数据的解释是：2021 年经营活动产生的现金流量净额同比减少 90.16%，主要系"购买商品、接受劳务支付的现金，客户贷款及垫款净增加额"增加所致。查阅格力电器的资产负债表及存货项目附注可知：2021 年末库存原材料和产成品同比有较大幅度的增加，尤其是产成品增加了 120.84 亿元。

这里存在两种可能性：一种是公司预料到原料会大幅涨价，提前购买原料和物料进行生产，因而现金大幅流出、期末存货增加；另一种可能是在宏观经济环境不佳和市场竞争激烈的大背景下，公司的产品销售状况未能达到预期。

2. 危机四伏型公司分析实例——苏宁易购

如果一家公司处于成熟期，但经营活动现金流量净额持续、大额为负，不管这家公司的净利润如何，"爆雷"

是迟早的事儿。因为拆东墙补西墙只能缓解一时之困，却无法从根本上解决问题。要想改变局面，只能依靠自身造血，即经营活动必须能提供正的现金净流入。否则，即使增加股东注资，如果经营活动现金流量净额不能好转，也往往无力回天。

表 9-12 列示了苏宁易购 2016—2021 年经营活动现金流量净额和净利润，从中可知：苏宁易购 2016 年经营活动现金流量净额为正，但随后 5 年持续为负，2016—2021 年经营活动现金净流出累计 425.57 亿元；2017—2019 年，公司经营活动现金流量净额均大幅低于净利润。大规模的"失血"使得公司资金链紧张，已出现债务违约的问题。虽然已引入新的股东注资，但如果苏宁易购不能找到有效的盈利模式，尤其是在主业上实现创新和突破，未来仍然困难重重。

表 9-12　苏宁易购 2016—2021 年经营活动现金流量净额和净利润

金额单位：亿元

项目	2016 年	2017 年	2018 年	2019 年	2020 年	2021 年
经营活动现金流量净额	38.39	−66.05	−138.74	−178.65	−16.22	−64.30
净利润	4.93	40.50	126.43	93.20	−53.58	−441.79
净利润收现率	7.79	−1.63	−1.10	−1.92	0.30	0.15

资料来源：苏宁易购年报。

10

第十章
上市公司年报解读

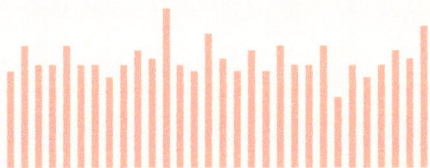

我的工作是阅读。我阅读我所关注的公司年报，同时我也阅读它的竞争对手的年报，这些是我最主要的阅读材料。

——沃伦·巴菲特

在进行上市公司年报分析时，信息获取的充分性和有效性是非常重要的。我国涉及上市公司信息披露的法律法规主要包括《中华人民共和国公司法》《中华人民共和国证券法》《首次公开发行股票并上市管理办法》《上市公司信息披露管理办法》《公开发行证券的公司信息披露内容与格式准则》等。根据以上法律法规，上市公司必须公开披露的信息主要包括招股说明书、上市公告书、定期报告（包括年报、中期报告和季度报告）和临时报告（重大事件公告、公司收购报告等）。本章将重点解读年报中的审计报告、财务报表附注和管理层讨论与分析。

第一节　年报信息知多少

根据证监会 2021 年修订的《上市公司信息披露管理办法》《公开发行证券的公司信息披露内容与格式准则第 2 号——年度报告的内容与格式》，上市公司年报主要包括以下内容：（1）重要提示、目录和释义；（2）公司简介和主要财务指标；（3）管理层讨论与分析；（4）公司治理；

（5）环境和社会责任；（6）重要事项；（7）股份变动及股东情况；（8）优先股相关情况；（9）债券相关情况；（10）财务报告。图 10-1 是宁德时代（300750）2021 年年报目录。

宁德时代新能源科技股份有限公司 2021 年年度报告

目录

图 10-1 宁德时代 2021 年年报目录

下面我们将逐一介绍年报中披露的主要信息有哪些。

一、重要提示、目录和释义

本部分内容一般只有一页，内容包括以下几项：

（1）董事、监事、高级管理人员保证年报内容真实、准确、完整的声明；

（2）公司负责人、主管会计工作负责人、会计机构负责人关于财报真实、准确、完整的声明；

（3）董事出席审议年报的董事会会议情况；

（4）公司前瞻性陈述的免责声明；

（5）公司本年利润分配预案。

二、公司简介和主要财务指标

公司简介部分应当披露如下内容：

（1）公司基本信息；

（2）联系人和联系方式；

（3）股票情况；

（4）信息披露及备置地点；

（5）注册变更情况；

（6）其他有关资料，如公司聘请的会计师事务所名称、办公地址及签字会计师姓名等。

会计数据和财务指标部分包括以下内容：

（1）总资产、营业收入、归属于上市公司股东的净利润、归属于上市公司股东的扣除非经常性损益的净利润、归属于上市公司股东的净资产、经营活动产生的现金流量净额、净资产收益率和每股收益等指标；

（2）分季度主要财务指标；

（3）非经常性损益项目及金额；

（4）境内外会计准则下会计数据的差异。

这部分数据和指标，是对后面披露的本年度公司财务状况、经营业绩和现金流量的前置概括。

三、管理层讨论与分析

"管理层讨论与分析"是年报中非常重要的部分，主要是与公司所处行业状况、主营业务、公司战略、重大投资、并购重组、未来发展前景有关的重要内容。此外，从"管理层讨论与分析"的用词和表述当中，我们可以体会到管理层对公司过去的发展持有怎样的态度，对公司本年的业绩是否满意，对公司未来的信心如何。

（一）所处行业情况

该部分包括以下内容：

（1）报告期内公司所处行业基本情况、发展阶段、周期性特点，以及公司所处的行业地位情况及报告期内发生

的重大变化;

（2）新公布的法律、行政法规、部门规章、行业政策对所处行业的重大影响。

（二）从事的业务情况

该部分包括以下内容:

（1）报告期内公司所从事的主要业务、主要产品及其用途、经营模式等内容;

（2）报告期内公司产品市场地位、竞争优势与劣势、主要的业绩驱动因素、业绩变化是否符合行业发展状况等。

（三）核心竞争力分析

该部分包括核心管理团队、关键技术人员、专有设备、专利、非专利技术、特许经营权、土地使用权、水面养殖权、探矿权、采矿权、独特经营方式和盈利模式等的重要变化及对公司产生的影响。

（四）主营业务情况

该部分应当至少包括四个方面：收入与成本、费用、研发投入和现金流量。

1. 收入与成本

上市公司应分别按行业、产品、地区、销售模式说明报告期内公司营业收入构成情况；占公司营业收入或营业利润 10% 以上的行业、产品、地区的毛利情况；公司实物销售收入是否大于劳务收入，产、销量和库存量变动 30% 以上的原因；公司已签订的重大销售合同、重大采购合同截至本报告期末的履行情况；本年度营业成本的主要构成项目；主要销售客户和主要供应商的情况。

2. 费用

上市公司应说明销售费用、管理费用、财务费用、研发费用的金额与同比增减变动情况，如发生重大变动，应说明主要驱动因素。

3. 研发投入

上市公司应当说明本年度所进行主要研发项目的目的、项目进展和拟达到的目标，并预计对公司未来发展的影响。公司应披露研发人员情况、研发投入金额及占营业收入比重、研发投入的资本化情况。

4. 现金流量

公司应说明经营活动、投资活动和筹资活动产生的现金流量的构成情况，若相关数据同比发生重大变动，公司应当分析主要影响因素。

（五）非主营业务分析

若本期公司利润构成或利润来源的重大变化源自非主要经营业务，应当详细说明涉及金额、形成原因、是否具有可持续性。

（六）资产及负债状况

本部分内容包括资产构成重大变动情况、以公允价值计量的资产和负债、截至报告期末的资产权利受限情况。

（七）投资状况分析

上市公司应当介绍本年度投资情况，分析报告期内公司投资额同比变化情况。此外，还包括报告期内获取的重大的股权投资情况、报告期内正在进行的重大的非股权投资情况、以公允价值计量的金融资产、报告期募集资金使用情况。

（八）重大资产和股权出售情况

公司应当简要分析重大资产和股权出售事项对公司业务连续性、管理层稳定性的影响。

（九）主要控股参股公司分析

公司应当详细介绍主要子公司的主要业务、注册资本、总资产、净资产、净利润，本年度取得和处置子公司的情况，包括取得和处置的方式及对公司整体生产经营和业绩的影响。

（十）公司控制的结构化主体情况

结构化主体，是指在确定其控制方时没有将表决权或类似权利作为决定因素而设计的主体。公司存在其控制下的结构化主体时，应当介绍公司对其控制权方式和控制权内容，并说明公司从中可以获取的利益和对其所承担的风险。

（十一）公司未来发展趋势

上市公司应当披露行业格局和趋势、公司发展战略、未来经营计划、可能面对的风险因素等。

此外，上市公司应说明报告期内接待调研、沟通、采访等活动的具体情况。

四、公司治理

本部分披露公司治理的基本情况，控股股东、实际控制人在保证公司资产、人员、财务、机构、业务等方向独立性的具体措施，报告期内召开年度股东大会、临时股东大会的有关情况，董事、监事和高管的情况，报告期内召开的董事会有关情况，监事会召开情况，员工情况，利润分配政策、股权激励计划、员工持股计划，内部控制制度建设和实施情况，对子公司的管理控制情况，内部控制自我评价报告和内部控制审计报告等内容。

五、环境和社会责任

本部分包括以下内容。

（一）环境信息

本部分具体包括排污信息；防治污染设施的建设和运行情况；建设项目环境影响评价及其他环境保护行政许可情况；突发环境事件应急预案；环境自行监测方案；报告期内因环境问题受到行政处罚的情况；其他环境信息。

（二）社会责任履行情况

本部分包括公司履行社会责任的宗旨和理念；股东和债权人权益保护，职工权益保护，供应商、客户和消费者权益保护；环境保护与可持续发展；公共关系；社会公益事业等方面的情况。

（三）其他情况

证券监管部门鼓励上市公司积极披露报告期内巩固拓展脱贫攻坚成果、乡村振兴等工作具体情况。

六、重要事项

公司应披露的重要事项包括以下方面。

（1）公司实际控制人、股东、关联方、收购人以及公司等承诺相关方做出的重要承诺。

（2）控股股东及其他关联方非经营性占用资金情况。

（3）违规订立担保合同的情况。

（4）公司董事会就非标准审计意见做出的专项说明，会计政策、会计估计变更或重大会计差错更正的原因及影响。

（5）年度财务报告审计聘任、解聘会计师事务所的情况，内部控制审计会计师事务所、财务顾问或保荐人的情况。

（6）面临退市风险警示的原因及应对措施。

（7）报告期内发生的破产重整相关事项。

（8）重大诉讼、仲裁事项。

（9）公司或其控股股东、实际控制人、"董、监、高"涉嫌违法犯罪和受到处罚等情况。

（10）公司或其控股股东、实际控制人的诚信状况。

（11）报告期内发生的重大关联方交易事项。

（12）重大合同及其履行情况。

（13）其他重大事件。

我们需要认真阅读这部分，看公司是否发生重大不利事项，是否会对未来的生产经营产生重大不利影响。

七、股份变动及股东情况

公司应当按要求披露报告期内公司股份变动情况、证券发行与上市情况，公司股东数量及持股情况，公司控股股东情况，公司实际控制人情况，以及股份回购的具体实施情况。

八、优先股相关情况

公司应当披露近 3 年优先股的发行与上市情况、利润分配情况、回购或转换情况、优先股表决权恢复情况。

九、债券相关情况

公司应当披露所有存续的债券情况，包括债券的基本要素、债券的选择权条款和投资者保护条款、为债券业务服务的中介机构联系方式、债券募集资金使用情况、信用评级结果调整情况、担保情况和偿债计划等。

十、财务报告

公司应当披露审计报告正文、经审计的财务报表。

财务报表包括公司近两年的比较式资产负债表、比较式利润表和比较式现金流量表，以及比较式所有者权益（股东权益）变动表和财务报表附注。

编制合并财务报表的公司，除提供合并财务报表外，还应当提供母公司财务报表。

整个年报中，重要的部分有四个：公司简介和主要财务指标，管理层讨论与分析，重要事项，财务报告。这四个部分，需要大家重点阅读和分析。

第二节 不可不读的审计报告

上市公司年报中披露的财务报表，必须经过具有证券业务资格的会计师事务所的审计。据中国注册会计师协会的统计，截至 2022 年 4 月 30 日，全国共有 53 家会计师事务所为 4 805 家上市公司出具了 2021 年度财务报表审计报告，其中：沪市主板 1 665 家，科创板 422 家；深市主板 1 488 家，创业板 1 140 家；北交所 90 家。

一、审计报告的基本要素

审计报告的基本要素包括以下内容：

（1）标题；

（2）收件人；

（3）审计意见；

（4）形成审计意见的基础；

（5）管理层对财务报表的责任；

（6）注册会计师对财务报表审计的责任；

（7）按照相关法律法规的要求报告的事项；

（8）注册会计师的签名和盖章；

（9）会计师事务所的名称、地址和盖章；

（10）报告日期。

审计意见部分，开宗明义地表明了注册会计师对被审计单位财务报表的态度，是财务分析时首先应当关注的内容。

二、审计报告的类型

审计报告有 4 种基本类型：无保留意见、保留意见、否定意见和无法表示意见。从审计报告的意见类型来看，上文提到的 4 805 家上市公司中：4 663 家被出具了无保留意见审计报告，98 家被出具了保留意见审计报告，1 家被出具了否定意见审计报告，43 家被出具了无法表示意见审计报告。下面我们分别对每种审计报告进行说明，并举例分析。

（一）无保留意见审计报告

无保留意见审计报告是最常见的类型，因为大多数情况下，被审计单位会按照注册会计师的意见调整财务报表。无保留意见也是委托人最希望获得的审计意见，因为它表明被审计单位的财务报表具有较高的可信赖度。

无保留意见，是指当注册会计师认为财务报表在所有重大方面按照适用的财务报告编制基础的规定编制并实现公允反映时发表的审计意见。就我国证券市场而言，如果注册会计师认为"财务报表在所有重大方面按照企业会计准则的规定编制，公允反映了公司的财务状况、经营成果和现金流量"，则出具无保留意见的审计报告。

图 10-2 是宁德时代（300750）2021 年财务报表的审计报告。在第一部分"审计意见"第二段中，注册会计师的叙述，点明了审计报告的类型是"无保留意见审计报告"。

无保留意见审计报告又分为标准无保留意见、带说明段（强调事项段和持续经营事项段等）的无保留意见审计报告两种。宁德时代 2021 年审计报告是标准无保留意见审计报告。

审计报告正文

宁德时代新能源科技股份有限公司全体股东：

一、审计意见

我们审计了宁德时代新能源科技股份有限公司（以下简称宁德时代公司）财务报表，包括2021年12月31日的合并及公司资产负债表，2021年度的合并及公司利润表、合并及公司现金流量表、合并及公司股东权益变动表以及相关财务报表附注。

我们认为，后附的财务报表在所有重大方面按照企业会计准则的规定编制，公允反映了宁德时代公司2021年12月31日的合并及公司财务状况以及2021年度的合并及公司经营成果和现金流量。

二、形成审计意见的基础

我们按照中国注册会计师审计准则的规定执行了审计工作。审计报告的"注册会计师对财务报表审计的责任"部分进一步阐述了我们在这些准则下的责任。按照中国注册会计师职业道德守则，我们独立于宁德时代公司，并履行了职业道德方面的其他责任。我们相信，我们获取的审计证据是充分、适当的，为发表审计意见提供了基础。

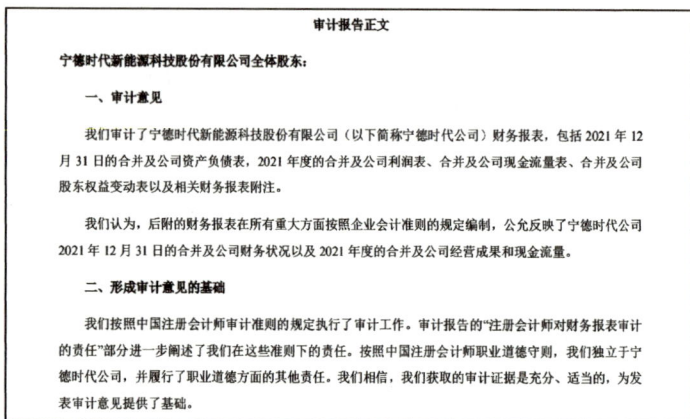

图 10-2　宁德时代 2021 年审计报告第一、二部分

（二）保留意见审计报告

注册会计师在遇到以下情形之一时，应当发表保留意见的审计报告：

（1）在获取充分、适当的审计证据后，认为财务报表中的错报单独或汇总起来对财务报表影响重大，但不具有广泛性；

（2）注册会计师无法获取充分、适当的审计证据，但认为未发现的错报（如存在）对财务报表可能产生的影响重大，但不具有广泛性。

需要注意的是，只有当未发现的错报（如存在）对财务报表可能产生的影响重大但不具有广泛性时，注册会计师才能发表保留意见。

保留意见的审计报告，第一部分要明确写出"保留意见"的标题，第二部分要陈述"形成保留意见的基础"。立信会计师事务所对复旦复华（600624）2021 年财务报表发表了保留意见的审计报告，原因是审计范围受到限制，无法就工程项目增量成本获取充分、适当的审计证据，如图 10-3 所示。

审计报告

√适用 □不适用

信会师报字〔2022〕第 ZA11813 号

上海复旦复华科技股份有限公司全体股东：

一、保留意见

我们审计了上海复旦复华科技股份有限公司（以下简称复旦复华）财务报表，包括 2021 年 12 月 31 日的合并及母公司资产负债表，2021 年度的合并及母公司利润表、合并及母公司现金流量表、合并及母公司所有者权益变动表以及相关财务报表附注。

我们认为，除"形成保留意见的基础"部分所述事项可能产生的影响外，后附的财务报表在所有重大方面按照企业会计准则的规定编制，公允反映了复旦复华 2021 年 12 月 31 日的合并及母公司财务状况以及 2021 年度的合并及母公司经营成果和现金流量。

二、形成保留意见的基础

由于无法对复旦复华 2020 年因工程造价变动调增的与复华园区海门园配套住宅项目（复华文苑）相关的存货账面价值 2 010.62 万元获取充分、适当的审计证据，我们对复旦复华 2020 年度财务报表发表了保留意见。

2021 年，复旦复华就复华文苑工程审价部分与工程承包单位签订了协议，据此调增复华文苑 2018 年度至 2021 年度期间的相关营业成本合计 6 621.22 万元。我们针对与复华文苑相关的未付工程款项实施了函证程序，未取得工程施工承包单位的回函，也未能实施其他替代程序。因此，我们无法就上述工程审价增量及未付款项的金额获取充分、适当的审计证据。

我们按照中国注册会计师准则的规定执行了审计工作。审计报告的"注册会计师对财务报表审计的责任"部分进一步阐述了我们在这些准则下的责任。按照中国注册会计师职业道德守则，我们独立于复旦复华，并履行了职业道德方面的其他责任。我们相信，我们获取的审计证据是充分、适当的，为发表保留意见提供了基础。

图 10-3　复旦复华 2021 年审计报告第一、二部分

（三）否定意见审计报告

当注册会计师认为，由于形成否定意见的基础部分所

述事项的重要性，财务报表没有在所有重大方面按照适用
的财务报告编制基础编制，未能实现公允反映时，注册会
计师将出具否定意见的审计报告。

在对 2021 年上市公司年报进行审计时，北京兴昌华
会计师事务所对 ST 圣莱（002473）出具了否定意见的财
务报表审计报告。在审计报告的第一部分，注册会计师就
指出了审计报告是"否定意见审计报告"，如图 10-4 所示。

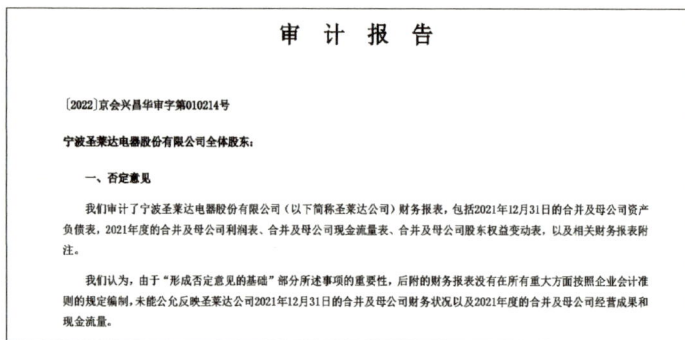

审 计 报 告

［2022］京会兴昌华审字第010214号

宁波圣莱达电器股份有限公司全体股东：

一、否定意见

我们审计了宁波圣莱达电器股份有限公司（以下简称圣莱达公司）财务报表，包括2021年12月31日的合并及母公司资产负债表，2021年度的合并及母公司利润表、合并及母公司现金流量表、合并及母公司股东权益变动表，以及相关财务报表附注。

我们认为，由于"形成否定意见的基础"部分所述事项的重要性，后附的财务报表没有在所有重大方面按照企业会计准则的规定编制，未能公允反映圣莱达公司2021年12月31日的合并及母公司财务状况以及2021年度的合并及母公司经营成果和现金流量。

图 10-4 ST 圣莱 2021 年审计报告第一部分

紧接着，在第二部分，注册会计师阐述了形成否定意
见的依据：一是由于存在大幅亏损和索赔等对公司持续经
营能力产生重大疑虑的重大不确定性事项；二是巨额的其
他应收款无法证实；三是无法确定收入、成本的真实性和
完整性，如图 10-5 所示。

二、形成否定意见的基础

（一）持续经营

圣莱达公司2021年度归属于母公司的合并净利润为3 698.45万元，截至2021年12月31日止，圣莱达公司累计亏损37 098.37万元，归属于母公司股东的期末净资产为2 342.15万元；圣莱达公司子公司宁波圣莱达电气设备有限公司电力配电行业成套设备制造未取得行业相关生产资质；连同财务报表附注十（二）所示的圣莱达公司投资者索赔事项，表明存在可能导致对圣莱达公司持续经营能力产生重大疑虑的重大不确定性。

（二）对外合作事项

如财务报表附注十一（二）所述，2020年1月，圣莱达公司子公司宁波圣汇美商贸有限公司（以下简称圣汇美）与内蒙古态和共生农牧业发展有限公司（以下简称态和共生公司）签署合作贸易协议，合作进行肉牛养殖产业链贸易业务，圣汇美预付合作款2 000.00万元，期末其他应收款账面余额1 970.00万元。对于上述其他应收款，我们实施了检查合同和付款凭证、函证、检查工商登记信息、查阅态和共生公司银行流水等审计程序，但无法就上述其他应收款是否按协议约定执行获取充分、适当的审计证据，也无法确定上述其他应收款能否收回。

66

宁波圣莱达电器股份有限公司2021年年度报告全文

（三）收入确认、成本结转事项

圣莱达公司2021年度财务报表收入111 584 734.43元、成本100 148 038.44元。收入主要来源于电力配电行业成套设备的销售，共有项目88个，截至审计报告日，我们走访了其中28个项目现场，我们不能进一步获取充分适当的审计证据，以证明收入、成本的真实性、完整性。

我们按照中国注册会计师审计准则的规定执行了审计工作。审计报告的"注册会计师对财务报表审计的责任"部分进一步阐述了我们在这些准则下的责任。按照中国注册会计师职业道德守则，我们独立于圣莱达公司，并履行了职业道德方面的其他责任。我们相信，我们获取的审计证据是充分、适当的，为发表否定意见提供了基础。

图 10-5　ST 圣莱 2021 年审计报告第二部分

（四）无法表示意见审计报告

当无法获取充分、适当的审计证据，且这些事项对财务报表产生或可能产生的影响重大且具有广泛性时，注册会计师应当发表无法表示意见的审计报告，并在审计意见段中说明："由于'形成无法表示意见的基础'部分所述事项的重要性，我们无法获取充分、适当的审计证据以作为对财务报表发表审计意见的基础。"

立信会计师事务所对科华生物（002022）2021年财务报表发表了无法表示意见的审计报告。在第二部分中，注册会计师阐述了出具无法表示意见的原因：由于存在投资纠纷和仲裁案件，无法判断科华生物是否对天隆公司失去控制，也无法对天隆公司的财务数据执行审计。审计报告如图10-6所示。

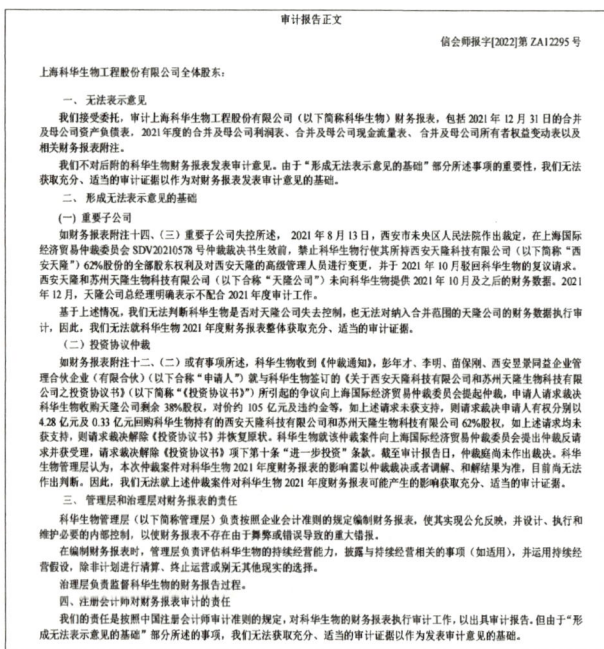

审计报告正文

信会师报字[2022]第 ZA12295 号

上海科华生物工程股份有限公司全体股东：

一、无法表示意见

我们接受委托，审计上海科华生物工程股份有限公司（以下简称科华生物）财务报表，包括 2021 年 12 月 31 日的合并及母公司资产负债表，2021 年度的合并及母公司利润表、合并及母公司现金流量表、合并及母公司所有者权益变动表以及相关财务报表附注。

我们不对后期的科华生物财务报表发表审计意见。由于"形成无法表示意见的基础"部分所述事项的重要性，我们无法获取充分、适当的审计证据以作为对财务报表发表审计意见的基础。

二、形成无法表示意见的基础

（一）重要子公司

如财务报表附注十四、（三）重要子公司失控所述，2021 年 8 月 13 日，西安市未央区人民法院作出裁定，在上海国际经济贸易仲裁委员会 SDV20210578 号仲裁裁决书生效前，禁止科华生物行使其所持西安天隆科技有限公司（以下简称"西安天隆"）62%股份的全部股东权利及对西安天隆的高级管理人员进行变更，并于 2021 年 10 月驳回科华生物的复议请求。西安天隆和苏州天隆生物科技有限公司（以下合称"天隆公司"）未向科华生物提供 2021 年 10 月及之后的财务数据。2021 年 12 月，天隆公司总经理明确表示不配合 2021 年度审计工作。

基于上述情况，我们无法判断科华生物是否对天隆公司失去控制，也无法对纳入合并范围的天隆公司的财务数据执行审计，因此，我们无法就科华生物 2021 年度财务报表整体获取充分、适当的审计证据。

（二）投资协议仲裁

如财务报表附注十二、（二）或有事项所述，科华生物收到《仲裁通知》，彭年才、李明、苗保刚、西安昱景同益企业管理合伙企业（有限合伙）（以下合称"申请人"）就与科华生物签订的《关于西安隆科技有限公司和苏州天隆生物科技有限公司之投资协议书》（以下简称"《投资协议书》"）所引起的争议向上海国际经济贸易仲裁委员会提起仲裁，申请人请求裁决科华生物收购天隆公司剩余 38%股权，对价约 105 亿元及违约金等，如主诉请求获支持，则请求裁决申请人有权分别以 4.28 亿元及 0.33 亿元购回科华生物所有的西安天隆 44.4%股份和苏州天隆生物科技有限公司 62%股权。如上述请求均未获支持，则请求裁决解除《投资协议》并恢复原状。科华生物就该仲裁事宜向上海国际经济贸易仲裁委员会提出仲裁反请求并获受理，请求裁决解除《投资协议》项下第十条"进一步投资"条款。截至审计报告日，仲裁庭尚未作出裁决。科华生物管理层认为，本次仲裁案件对科华生物 2021 年度财务报表的影响需因仲裁裁决或者调解、和解结果而定，目前尚无法作出判断。因此，我们无法就上述仲裁案件对科华生物 2021 年度财务报表可能产生的影响获取充分、适当的审计证据。

三、管理层和治理层对财务报表的责任

科华生物管理层（以下简称管理层）负责按照企业会计准则的规定编制财务报表，使其实现公允反映，并设计、执行和维护必要的内部控制，以使财务报表不存在由于舞弊或错误导致的重大错报。

在编制财务报表时，管理层负责评估科华生物的持续经营能力，披露与持续经营相关的事项（如适用），并运用持续经营假设，除非计划进行清算、终止运营或别无其他现实的选择。

治理层负责监督科华生物的财务报告过程。

四、注册会计师对财务报表审计的责任

我们的责任是按照中国注册会计师审计准则的规定，对科华生物的财务报表执行审计工作，以出具审计报告。但由于"形成无法表示意见的基础"部分所述的事项，我们无法获取充分、适当的审计证据以作为发表审计意见的基础。

图 10-6　科华生物 2021 年审计报告第一、二部分

第三节　财务报表附注大有乾坤

财务报告包括财务报表、财务报表附注和其他信息。在上市公司年报中，篇幅最大的要数财务报告部分。而财务报告部分中，合并财务报表和母公司财务报表仅仅只有几页，其他部分均是财务报表附注。财务报表附注的信息含量很大，阅读财报，千万不能错过财务报表附注。

财务报表附注一般包括十六个部分，我们将对重要的部分进行重点说明和举例。

一、公司基本情况

本部分是对公司基本信息的简单介绍，包括公司成立日期、注册资本、业务性质、主要经营活动、实际控制人、合并财务报表的范围、财务报告批准报出者和报出日等。

二、财务报表的编制基础

（一）编制基础

上市公司需要指出：财务报表的编制基础依据的是财政部发布的《企业会计准则》及其应用指南、解释及其他有关规定。公司会计核算以权责发生制为基础。除某些金融工具外，财务报表均以历史成本为计量基础。

（二）持续经营

上市公司还需要声明：财务报表以持续经营为基础列报；管理层是否认为存在对本公司持续经营能力产生重大影响的事项。

三、重要会计政策及会计估计

本部分内容较多，在财务报表附注中所占篇幅较大，包括遵循企业会计准则的声明、会计期间、营业周期、记账本位币、同一控制下和非同一控制下企业合并的会计处理方法、合并财务报表的编制方法、合营安排分类及共同经营会计处理方法、现金及现金等价物的确定标准、外币业务和外币报表折算、金融工具、金融资产减值、存货、固定资产、长期股权投资等三四十项重大会计事项的具体核算方法，以及重要会计政策和会计估计变更。

上市公司采用的重要会计政策和会计估计，都应遵循《企业会计准则》的规定，本书在前面的章节中已经叙述和讲解，在此不赘述。

四、税项

本部分包括主要税项和税率、税收优惠两个部分。

对于制造业上市公司来说，缴纳的主要税种有增值税及其附加税、企业所得税、消费税等。

我国公司的税收优惠主要包括增值税退税优惠、高新技术企业和适用国家西部大开发政策企业的企业所得税税率优惠、消费税减免等。

五、合并财务报表项目注释

本部分内容是需要大家重点关注的。

本部分按照资产负债表、利润表、现金流量表的顺序，详细列示报表中重要项目的内容构成和变动情况，还包括现金流量表补充资料、所有权或使用权受到限制的资产、外币货币性项目的具体币种和金额、政府补助等项目。

以格力电器应收账款为例：合并财务报表项目注释第4项，分别披露了"按账龄分类的应收账款""按坏账准备计提方法分类的应收账款""本期坏账准备变动情况""本期核销的应收账款""期末余额前五名的应收账款情况"等，如图10-7至图10-11所示。

（1）应收账款按账龄披露

账龄	期末余额
1年以内	12 223 311 908.11
1至2年	1 097 130 089.53
2至3年	654 718 975.22
3年以上	2 131 328 023.16
小计	16 106 488 996.02
减：坏账准备	2 265 590 193.26
合计	13 840 898 802.76

【注】本公司账龄1年以上应收账款主要为废弃电器电子产品拆解应收补贴款以及新能源汽车贷款。

图 10-7　按账龄分类的应收账款

（2）应收账款分类披露

类别	期末余额				
	账面余额		坏账准备		账面价值
	金额	比例（%）	金额	信用损失率（%）	
按单项计提坏账准备的应收账款	1 293 262 223.96	8.03	1 029 353 603.16	79.59	263 908 620.80
按组合计提坏账准备的应收账款	14 813 226 772.06	91.97	1 236 236 590.10	8.35	13 576 990 181.96
其中：账龄组合	12 433 046 350.06	77.19	1 041 853 417.60	8.38	11 391 192 932.46
低风险组合	2 380 180 422.00	14.78	194 383 172.50	8.17	2 185 797 249.50
合计	16 106 488 996.02	100.00	2 265 590 193.26	14.07	13 840 898 802.76

图 10-8　按坏账准备计提方法分类的应收账款

（3）本期坏账准备变动情况

类别	期初余额	本期变动金额				期末余额
		合并范围变动	计提	收回或转回	核销	
单项计提	125 518 248.51	906 365 112.59		2 529 757.94		1 029 353 603.16
账龄组合	484 681 830.93	406 611 041.33	150 772 299.04		211 753.70	1 041 853 417.60
低风险组合	142 916 999.22	28 462 574.33	23 003 598.95			194 383 172.50
合计	753 117 078.66	1 341 438 728.25	173 775 897.99	2 529 757.94	211 753.70	2 265 590 193.26

图 10-9　本期坏账准备变动情况

（4）本期实际核销的应收账款情况

项目	核销金额
共6家单位	211 753.70
合计	211 753.70

图 10-10　本期核销的应收账款

（5）按欠款方归集的期末余额前五名的应收账款情况

单位名称	应收账款期末余额	占应收账款期末余额合计数的比例（%）	坏账准备期末余额
第一名	1 610 790 135.00	10.00	165 143 601.52
第二名	1 099 252 494.86	6.82	54 962 624.56
第三名	769 390 287.00	4.78	29 239 570.98
第四名	497 718 000.00	3.09	24 885 900.00
第五名	368 451 389.27	2.29	18 422 569.45
合计	4 345 602 306.13	26.98	292 654 266.51

图 10-11　期末余额前五名的应收账款情况

这些表格，从不同的侧面反映了格力电器合并资产负债表中应收账款的具体情况，对分析账龄、坏账准备计提比例（信用损失率）、实际核销坏账数、应收账款集中度等，有很大帮助。

六、合并范围的变更

本部分列示公司合并财务报表合并范围的变化情况，包括购买、处置（出售）、新设和清算（注销）子公司的情况。按照企业会计准则的规定，购买子公司有3种类型：同一控制下企业合并、非同一控制下企业合并和反向购买。

例如，格力电器在2021年年报中披露了非同一控制下企业合并取得子公司的详细情况，包括被购买方名称、购买时间、购买价格、持股比例、购买方式、形成商誉的金额、被购买方可辨认资产和负债的账面价值和公允价值等信息，如图10-12所示。

1.非同一控制下企业合并

（1）本期发生的非同一控制下企业合并

被购买方名称	股权取得时点	股权取得成本	股权取得比例	股权取得方式	购买日	购买日的确定依据	自购买日至报表日的营业收入	自购买日至报表日的净利润
格力钛新能源股份有限公司	2021-10-31	1 828 275 113.56	30.47%	现金购买	2021-10-31	取得控制权	694 344 061.76	-416 767 701.45

（2）合并成本及商誉

合并成本	金额
合并成本	1 828 275 113.56
减:取得的可辨认净资产公允价值份额	1 215 497 529.64
商誉/合并成本小于取得的可辨认净资产公允价值份额的金额	612 777 583.92

【注1】如本附注五、23"商誉"所述，格力钛新能源于2021年10月31日成为本公司控股子公司。

【注2】截至购买日2021年10月31日，格力钛新能源归属于母公司所有者的可辨认净资产公允价值为1 215 497 529.64元，相应可辨认净资产公允价值经中联资产评估集团有限公司评估，并出具中联评报字〔2022〕第1362号评估报告。

图 10-12　格力电器 2021 年非同一控制下企业合并

此外，格力电器还披露了 2021 年出售子公司和新设子公司的详细情况，有兴趣的读者可以查询格力电器 2021 年年报。

七、在其他主体中的权益

该部分内容详细列示公司对外长期股权投资的具体情况，包括在子公司中的权益、在合营安排或联营企业中的权益、重要的共同经营等。其中，对子公司的基本信息进行了较为全面的披露，如子公司的名称、注册地、主要经营地、业务性质、持股比例、表决权比例、取得方式等。

八、与金融工具相关的风险

本部分披露公司的金融工具及相关的风险。

（一）金融工具

金融工具包括金融资产和金融负债。

1.金融资产

金融资产主要包括货币资金、交易性金融资产、衍生金融资产、应收款项、应收款项融资、债权投资、其他债权投资、其他权益工具投资、长期应收款等。

在会计核算方法上，金融资产被分为三类：

（1）以成本或摊余成本计量的金融资产（货币资金、应收账款、其他应收款、债权投资、长期应收款）；

（2）以公允价值计量且其变动计入当期损益的金融资产（交易性金融资产、衍生金融资产）；

（3）以公允价值计量且其变动计入其他综合收益的金融资产（应收款项融资、其他债权投资、其他权益工具投资）。

2.金融负债

金融负债主要包括交易性金融负债、衍生金融负债、短期借款、应付票据、应付账款、其他应付款、长期借款、应付债券、租赁负债、长期应付款等。

在会计核算方法上，金融负债被分为两类：

（1）以公允价值计量且其变动计入当期损益的金融负债（交易性金融负债、衍生金融负债）；

（2）其他金融负债（短期借款、应付票据、应付账款、其他应付款、长期借款、应付债券、租赁负债、长期应付款）。

（二）主要风险

金融工具导致的主要风险是信用风险、流动性风险和市场风险（汇率风险、利率风险）。信用风险，是指金融工具的一方不能履行义务，造成另一方发生财务损失的风险；流动性风险，是指公司在履行以交付现金或其他金融资产的方式结算的义务时发生资金短缺的风险；市场风险，是指金融工具的公允价值或未来现金流量因市场价格变动而发生波动的风险，包括汇率风险、利率风险等。

九、公允价值的披露

本部分披露公司以公允价值计量的资产和负债的项目、金额以及公允价值确定的依据（估值技术）。

公允价值根据估值技术的输入值不同，分为三个层次：

第一层次是公司在计量日能够取得的相同资产或负债在活跃市场上未经调整的报价；

第二层次是相关资产或负债直接或间接可观察的输入值，如非活跃市场中类似资产或负债的报价；

第三层次是相关资产或负债的不可观察输入值，如未来现金流量。

简单来说，公允价值可采用公开市场报价、转让及贴现金额、可收回金额、利用自身数据做出的财务预测结果等。在阅读和分析金融资产和负债项目时，可以在此处找到公允价值究竟是如何确定的。

图 10-13 为格力电器 2021 年以公允价值计量的资产和负债的期末公允价值。

1.以公允价值计量的资产和负债的期末公允价值				
项目	期末公允价值			
	第一层次公允价值计量	第二层次公允价值计量	第三层次公允价值计量	合计
持续的公允价值计量				
衍生金融资产		198 773 198.65		198 773 198.65
应收款项融资		25 612 056 693.07		25 612 056 693.07
一年内到期的非流动金融资产	60 392 960.52	10 969 772 555.56		11 030 165 516.08
其他流动资产	43 930 525.00	1 302 229 333.33		1 346 159 858.33
其他债权投资	727 591 613.84	5 182 465 277.78		5 910 056 891.62
其他权益工具投资	10 107 246 030.05		7 000 000.00	10 114 246 030.05
其他非流动金融资产		81 309 327.39		81 309 327.39
持续以公允价值计量的资产总额	10 939 161 129.41	43 346 606 385.78	7 000 000.00	54 292 767 515.19

图 10-13　格力电器 2021 年以公允价值计量的资产和负债的
期末公允价值

十、关联方及其交易

本部分披露上市公司重要的关联方关系及交易。关联方，在本书第一章中已经进行了介绍；关联方交易，包括购销商品、提供或接受劳务、委托管理或出包、租赁、担保、资金拆借、资产转让、债务重组等交易类型。

关联方之间相互比较熟悉，因此，关联方交易有很多便利之处，如容易产生信任、节约交易费用、供应链更加稳定等，但同时也有一些上市公司利用关联方交易违规占用资金、转移利润、财务造假等。

　　我们要关注关联方交易的价格是否显失公允，关联方往来款项的期末余额和其占总额的比例，债权坏账准备的计提等。一般来说，对关联方关系和交易的信息披露越充分、越透明，存在问题的可能性越低。

十一、股份支付

　　股份支付是指公司为获取员工提供服务而授予股票期权、限制性股票等的行为。股份支付实际上是一种股权激励。股份支付按照支付的方式，可以分为以权益结算的股份支付和以现金结算的股份支付。

　　以权益结算的股份支付，常用的工具有两类：股票期权和限制性股票。股票期权是指公司授予员工在未来达到事先约定的条件时，以约定的价格（行权价格）购买本公司一定数量的股票的权利。被激励的员工是否行权，取决于公司未来的股价。只有在未来的股价高于行权价格时，员工才会行权。限制性股票则是指员工现在可以用一定的优惠价格（授予价格）购买本公司的股票，在达到约定条件后，被激励的员工才可以将股票出售。约定条件一般是指工作年限或者业绩条件，如营业收入、净利润、净资产收益率等。

以现金结算的股份支付，常用的工具是现金股票增值权和模拟股票。股票增值权不给股票，但被激励员工有权享受约定时期内的股价涨幅，以现金进行结算；模拟股票不需要实际授予股票和持有股票，其他的操作原理，与限制性股票一致。

股份支付在会计核算上作为员工薪酬来处理：股份支付在授予日，不需做会计处理；在等待期内每个资产负债表日，公司应当将取得的员工服务计入成本费用，计入成本费用的金额，应当按照权益工具的公允价值计量。

通过财务报表附注，我们可以了解上市公司股份支付的总体情况和每种类型股份支付的具体情况。图 10-14 是宁德时代 2021 年股份支付的总体情况。

1.股份支付总体情况

√适用 □不适用

单位：万元

公司本期授予的各项权益工具总额	93 000.51
公司本期行权的各项权益工具总额	26 881.66
公司本期失效的各项权益工具总额	1 154.24
公司期末发行在外的股票期权行权价格的范围和合同剩余期限	（1）2018年8月，公司通过发行限制性股票授予的股权激励的行权价格为35.15元/股，合同期限不超过5年。 （2）2019年9月，公司通过发行限制性股票授予的股权激励的行权价格为35.53元/股，合同期限不超过5年。 （3）2020年11月，公司通过发行限制性股票授予的股权激励的行权价格为231.86元/股，合同期限不超过3年。 （4）2021年11月，公司通过发行限制性股票授予的股权激励的行权价格为306.04元/股，股票期权的行权价格为612.08 元/份，合同期限不超过4年。

图 10-14　宁德时代 2021 年股份支付的总体情况

十二、承诺及或有事项

承诺及或有事项引发的上市公司的"或有负债"，应在财务报表附注中披露。本书第四章讲述了相关内容，在此不赘述。图 10-15 为格力电器 2021 年披露的或有负债，涉及未决诉讼，格力钛新能源公司需要承担的债务金额尚无法准确估计。

十一、承诺及或有事项

1. 重要承诺事项

本公司无需要披露的重要承诺事项。

2. 或有事项

2015 年 12 月阳光人寿保险股份有限公司（以下简称"阳光保险"）与格力钛新能源股份有限公司（以下简称"格力钛新能源"）及原大股东珠海市银隆投资控股集团有限责任公司（以下简称"银隆集团"）、实控人魏银仓签订增资协议及补充协议，约定阳光保险向格力钛新能源增资 10 亿元，并约定了"业绩对赌"。后因业绩未达标，阳光保险在深圳国际仲裁院提起仲裁，要求格力钛新能源及银隆集团、魏银仓进行业绩补偿，具体诉求为本金 10 亿元及利息 1.5 亿余元，共计 11.5 亿余元。根据增资协议及补充协议的约定，在业绩未达到约定标准的情况下，银隆集团和魏银仓承担业绩补偿的直接责任，格力钛新能源承担债务间接责任。本案经过两次开庭及多次书面意见交换后，案件目前处于等待仲裁庭调查取证及裁决阶段，格力钛需要承担的诉讼金额尚无法估计。

与阳光保险存在类似"业绩对赌"增资协议涉及股东共计 7 名（不含阳光保险），投资本金 11.10 亿元。

3. 其他

无。

图 10-15　格力电器 2021 年承诺及或有事项

十三、资产负债表日后事项

资产负债表日后事项，是指资产负债表日（12月31日）至财务报表批准报出日之间发生的有利或不利事项。资产负债表日后事项，分为调整事项和非调整事项。

调整事项，是指对资产负债表日已经存在，但公司当时不知道其存在或者结果如何，在财务报表批准报出日之前，获得了新的情况或证据，因此，公司直接对披露的财务报表进行调整的事项。也就是说，我们看到的财务报表，是已经调整后的报表。

非调整事项，是资产负债表日之后发生的情况。对于重大的非调整事项，公司在财务报表附注中进行披露即可，一般是指重大诉讼、仲裁、承诺，资产价格、税收政策、外汇汇率发生重大变化，重要销售退回等。例如，宁德时代在 2021 年合并财务报表附注中披露了"公司定向增发股票议案 2022 年 1 月 13 日获得深交所审核通过"这一重大事项，如图 10-16 所示。

十五、资产负债表日后事项

1.重要的非调整事项

项目	内容	对财务状况和经营成果的影响数	无法估计影响数的原因
股票的发行	公司分别于2021年8月12日、2021年8月31日召开第二届董事会第三十二次会议、2021年第一次临时股东大会，审议通过了向特定对象发行股票相关议案。公司拟向特定对象发行股票，募集资金总额不超过450亿元。目前公司向特定对象发行股票事项正在执行过程，2022年1月13日已获得深圳证券交易所上市审核中心审核通过。	—	尚未完成发行

截至2022年4月20日(董事会批准报告日)，本公司不存在其他应披露的资产负债表日后事项。

图 10-16 宁德时代资产负债表日后非调整事项

十四、其他重要事项

其他重要事项包括但不限于：债务重组、非货币性资产交换、年金计划、终止经营、股份回购、重要融资、重大担保等。

十五、母公司财务报表主要项目注释

母公司财务报表项目注释，内容与合并财务报表项目注释基本相同。

十六、补充资料

本部分包括非经营性损益明细表、净资产收益率及每股收益等。

第四节　管理层讨论与分析——对公司的自我认知

本章第一节已经介绍过"管理层讨论与分析"的主要

内容。本节以宁德时代（2021 年年报）为例，重点讨论与公司业务和经营有关的部分。

一、报告期内公司所处行业情况

宁德时代的主营业务是"动力电池、储能电池和电池回收利用产品的研发、生产和销售"，公司所属行业为"C 制造业"中的"C38 电气机械和器材制造业"。

公司对行业发展状况和发展趋势，进行了详细的描述和分析："各国政府均在推动能源结构向清洁能源加速转型，并陆续宣布了碳减排目标……电化学储能是清洁能源消纳的重要保障和新能源车的动力来源之一……"公司又分别分析了动力电池、储能电池、电池材料及电池回收三大业务各自领域的增长情况："2021 年全球新能源车动力电池使用量达 296.8GWh，同比增长 102.3%，呈现快速增长态势""2021 年全球储能电池产量 87.2GWh，同比增长 149.1%""锂、镍、钴、磷等电池材料的上游矿产资源，其需求也呈现快速增长态势……未来动力电池退役及回收将成为电池材料来源的重要渠道。"这说明：宁德时代所处行业受到政府政策的扶持和推动，是快速增长的赛道，未来发展前景广阔。

公司的行业地位是"全球领先的动力电池和储能电池企业"，动力电池使用量和储能电池产量，均为全球第一，如图 10-17 所示。

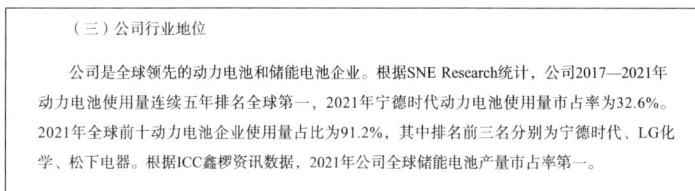

（三）公司行业地位

公司是全球领先的动力电池和储能电池企业。根据SNE Research统计，公司2017—2021年动力电池使用量连续五年排名全球第一，2021年宁德时代动力电池使用量市占率为32.6%。2021年全球前十动力电池企业使用量占比为91.2%，其中排名前三名分别为宁德时代、LG化学、松下电器。根据ICC鑫椤资讯数据，2021年公司全球储能电池产量市占率第一。

图 10-17　宁德时代的行业地位

二、报告期内公司从事的主要业务

本部分内容和第一部分基本类似，主要说明公司三大业务领域的具体情况。

三、核心竞争力分析

宁德时代认为，公司的核心竞争力为：具备雄厚研发实力、打造智能制造标杆、供应链协同管理、构建客户生态、践行绿色低碳理念等。

四、主营业务分析

这部分内容是非常重要的。

从营业收入构成（见图 10-18）中，我们可以看出：公司主要产品动力电池系统 2021 年销售额约 914.91 亿元，占营业收入的比重为 70.19%，比 2020 年增长 1.32 倍；其他两项主营业务储能系统和锂电池材料，2021 年同样获得了高速增长。

分产品	2021 年		2020 年		增长率
动力电池系统	9 149 077.45	70.19%	3 942 582.07	78.35%	132.06%
锂电池材料	1 545 661.22	11.86%	342 912.67	6.81%	350.74%
储能系统	1 362 383.47	10.45%	194 345.02	3.86%	601.01%
其他业务	978 457.49	7.51%	552 109.02	10.97%	77.22%

图 10-18　宁德时代 2021 年营业收入构成（金额单位：万元）

在"占公司营业收入或营业利润 10% 以上的行业、产品、地区、销售模式的情况"部分，公司披露了分业务、分产品等的营业收入、营业成本和毛利率（见图 10-19），同时，还披露了毛利率同比增长情况。可以看出：公司毛利率为 26.28%，不属于高毛利率行业；2021 年动力电池系统、储能系统的营业成本增长率超过营业收入增长率，导致 2021 年公司整体毛利率下降 1.48%。营业成本上升的原因是什么呢？从"营业成本构成"部分可知，直接材料费的上涨是主要驱动因素。

公司的技术路线是三元锂离子电池、磷酸铁锂电池。公司还披露了电池系统、锂电池材料的现有产能和在建产能。其中：电池系统的在建产能为 140GWh，锂电池材料的在建产能为 12 万吨。在建产能为公司未来的增长提供了基础和保障。

项目	营业收入	营业成本	毛利率	营业收入比上年同期增减	营业成本比上年同期增减	毛利率比上年同期增减
分业务						
电气机械及器材制造业	13 035 579.64	9 609 372.23	26.28%	159.06%	164.36%	−1.48%
分产品						
动力电池系统	9 149 077.45	7 136 178.14	22.00%	132.06%	146.45%	−4.56%
锂电池材料	1 545 661.22	1 157 447.01	25.12%	350.74%	324.32%	4.66%
储能系统	1 362 383.47	973 864.52	28.52%	601.01%	683.30%	−7.51%

图 10-19 宁德时代 2021 年营业收入、营业成本和毛利率
（金额单位：万元）

在"公司实物销售收入是否大于劳务收入"部分（见图 10-20），公司说明了电池系统、锂电池材料的生产量、销售量和库存量。3 项指标均大幅上涨的原因，是新能源市场的消费需求快速增长。可以预见，未来公司的业务，仍然会是一飞冲天的发展态势。

（3）公司实物销售收入是否大于劳务收入

√是 □否

行业分类	项目	单位	2021年	2020年	同比增减
电池系统	销售量	GWh	133.41	46.84	184.82%
	生产量	GWh	162.30	51.71	213.87%
	库存量	GWh	40.19	14.17	183.63%
锂电池材料–正极及相关材料	销售量	万吨	28.38	6.86	313.70%
	生产量	万吨	23.38	6.57	255.86%
	库存量	万吨	6.09	0.78	680.77%

图 10-20　宁德时代 2021 年产品产销情况

公司还披露了重大的销售合同履行情况、前 5 名客户及前 5 名供应商的购销金额和占比、期间费用增长情况，以及研发投入情况（见图 10-21）等，这些内容对从不同的维度全面了解公司是很重要的。

项目	2021年	2020年	2019年
研发投入金额（万元）	769 142.76	356 937.77	299 210.75
研发投入占营业收入比例	5.90%	7.09%	6.53%

图 10-21　宁德时代 2021 年研发投入情况（金额单位：万元）

五、非主营业务分析

在本部分中，宁德时代披露了公司 2021 年资产减值损失为 20.34 亿元，占利润总额的 10.23%，主要是存货和长期股权投资计提的减值。这一点值得关注，尤其是存货的减值，说明了原材料和主要产品市场价格向下波动对公司的影响。

六、投资状况分析

2021 年宁德时代总体投资额为 546.14 亿元，同比增加 214.04%，表明公司投资总体处于大幅增加状态。

公司报告期内未获得重大的股权投资；重大的建设项目有 10 个，均为公司自建的固定资产投资，投资方向都与主业相关，2021 年共计投入 240.04 亿元，均尚未完工。

宁德时代 2018 年上市后至 2021 年底，总计募集资金 249.70 亿元，累计投入资金 231.93 亿元，尚未使用的募集资金为 24.82 亿元（含扣除手续费后的相关利息收入）。这些资金中，有 38 亿元变更了募投项目，用于江苏时代动力及储能锂离子电池研发与生产项目（四期）。主要原因是顺应市场需求，加大锂离子电池生产基地建设力度。

2021 年宁德时代取得了 50 多家子公司，绝大多数为新设成立。这些公司均聚焦于新能源主业。

七、公司未来发展展望

公司认为：尽管面临原材料紧张等不确定因素，但在政策持续推动、技术进步、成本下降等因素影响下，锂电产业需求预计将持续快速增长。这表明：公司管理层对产业未来的前景看好，对公司的发展充满信心。

公司将按照三大战略发展方向进行布局：一是以"电化学储能＋可再生能源发电"为核心，实现对固定式化石能源的替代；二是以"动力电池＋新能源车"为核心，实现对移动式化石能源的替代；三是以"电动化＋智能化"为核心，推动市场应用的集成创新，为各行各业提供可持续、可普及、可信赖的能量来源。

公司面临的风险包括：宏观经济与市场波动风险、市场竞争加剧风险、原材料价格波动及供应风险、新产品和新技术开发风险。针对这些风险，公司已提出应对措施，表明公司已经做好了充足的准备，以应对各种挑战。

附录 1 常用财务比率的分类和计算公式

常用财务比率	计算公式	备注
一、公司偿债能力		
1. 流动比率	流动资产 ÷ 流动负债	不用百分数表示
2. 速动比率	（流动资产 − 存货） ÷ 流动负债	不用百分数表示
3. 现金比率	货币资金 ÷ 流动负债	不用百分数表示
4. 资产负债率	负债总额 ÷ 资产总额 ×100%	用百分数表示
5. 产权比率	负债 ÷ 所有者权益	不用百分数表示
二、公司营运能力		
1. 应收账款周转率	赊销净额 ÷ 应收账款平均余额	不用百分数表示
2. 存货周转率	销售成本 ÷ 存货平均余额	不用百分数表示
3. 流动资产周转率	营业收入 ÷ 流动资产平均余额	不用百分数表示
4. 固定资产周转率	营业收入 ÷ 平均固定资产	不用百分数表示
5. 总资产周转率	营业收入 ÷ 总资产平均余额	不用百分数表示
三、公司盈利能力		
1. 毛利率	毛利 ÷ 营业收入 ×100%	用百分数表示
2. 营业净利率	净利润 ÷ 营业收入 ×100%	用百分数表示
3. 总资产报酬率	息税前利润 ÷ 总资产平均余额 ×100%	用百分数表示

（续表）

常用财务比率	计算公式	备注
4.净资产收益率	净利润 ÷ 净资产（所有者权益）平均余额 ×100%	用百分数表示
四、公司获取现金能力		
1.销售收现率	销售商品、提供劳务收到的现金 ÷ 营业收入	不用百分数表示
2.营业利润收现率	经营活动现金流量净额 ÷ 营业利润	不用百分数表示
3.净利润收现率	经营活动现金流量净额 ÷ 净利润	不用百分数表示
五、公司发展能力		
1.营业收入增长率	营业收入变动额 ÷ 上年营业收入 ×100%	用百分数表示
2.总资产增长率	总资产变动额 ÷ 上年总资产 ×100%	用百分数表示
3.净利润增长率	净利润变动额 ÷ 上年净利润 ×100%	用百分数表示
4.净资产增长率	净资产变动额 ÷ 上年净资产 ×100%	用百分数表示
六、杜邦财务分析体系		
核心分析指标：净资产收益率	净资产收益率=营业净利率 × 总资产周转率 × 权益乘数 其中：营业净利率=净利润 ÷ 营业收入 ×100% 总资产周转率=营业收入 ÷ 总资产平均余额 权益乘数=总资产平均余额 ÷ 净资产平均余额	

附录 2 本书涉及的部分法律法规

1.《中华人民共和国公司法》（2018 年 10 月 26 日修正）。

2. 企业会计准则第 1 号～第 42 号（财政部）。

3.《一般企业财务报表格式（适用于已执行新金融准则、新收入准则和新租赁准则的企业）》（财会〔2019〕6 号，2019 年 4 月 30 日公布）。

4.《首次公开发行股票并上市管理办法》（证监会，2022 年 4 月 8 日修正）。

5.《上市公司证券发行管理办法》（证监会，2020 年 2 月 14 日修订）。

6.《上市公司股份回购规则》（证监会公告〔2022〕4 号）。

7.《优先股试点管理办法》（证监会 2021 年修订）。

8.《上市公司监管指引第 3 号——上市公司现金分红》

（证监会 2022 年修订）。

9.《公开发行证券的公司信息披露内容与格式准则第 2 号——年度报告的内容与格式》（证监会 2021 年修订）。

10.《公开发行证券的公司信息披露解释性公告第 1 号——非经常性损益（2008）》（证监会公告〔2008〕43 号）。